BRANDENBURG
MIT DEM RAD

THERESE SCHNEIDER

BRANDENBURG
MIT DEM RAD

Die schönsten Touren für Kulturliebhaber

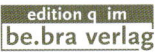

edition q im
be.bra verlag

Da die Auswirkungen der Corona-Pandemie auf die Öffnungszeiten, Preise und Angebote von Restaurants, Museen etc. derzeit nicht abzusehen sind, empfiehlt sich vor dem Ausflug ein kurzer Anruf oder ein Blick ins Internet.

Stand der Informationen: März 2021

Bibliografische Information der Deutschen Nationalbibliothek
Die Deutsche Nationalbibliothek verzeichnet diese Publikation in der Deutschen Nationalbibliografie; detaillierte bibliografische Daten sind im Internet über http://dnb.d-nb.de abrufbar.

3., aktualisierte Ausgabe
© edition q im be.bra verlag GmbH
Berlin-Brandenburg, 2021
KulturBrauerei Haus 2
Schönhauser Allee 37, 10435 Berlin
post@bebraverlag.de
Lektorat: Marijke Topp, Berlin
Umschlag: hawemannundmosch, Berlin, unter Verwendung eines Fotos von der Springbach-Mühle in Bad Belzig © fotoart13
Innengestaltung und Satz: Therese Schneider, Berlin
Schrift: Proforma 9,6/12,5 pt
Druck und Bindung: FINIDR, Český Těšín
ISBN 978-3-86124-749-4

www.bebraverlag.de

Inhalt

Naturschutzgebiet bei der Blumberger Mühle

Vorweg

Eine Radtour am Wochenende oder in den Ferien bietet Möglichkeiten, sich vom Alltagsstress der Großstadt zu erholen. Brandenburg verfügt über ein umfangreiches, gut ausgeschildertes Radwegenetz, das ständig erweitert wird. Die Start- und Zielpunkte sind mit der Bahn zu erreichen, und der Transport von Fahrrädern ist problemlos möglich. Auf Wegen durch ursprüngliche Natur, vorbei an kleinen Dörfern und Feldsteinkirchen, durch historische Städte, entlang an Flüssen und Kanälen lassen sich die Natur Brandenburgs, seine Bewohner, seine abwechslungsreiche Geschichte und Kultur erkunden. Dabei eröffnen sich vielfältige Landschaftsformen mit seltener Flora und Fauna. An einem der etwa dreitausend Seen kann man unterwegs ein Bad nehmen. Man trifft auf Restaurants, auf Cafés. Übernachtungsmöglichkeiten gibt es in fahrradfreundlichen Hotels.

Die Touren
Die Auswahl an Wegen und das Angebot von Begleitliteratur sind groß. Dieses Buch enthält sechzehn Vorschläge für Touren in verschiedenen märkischen Landkreisen, einige lassen sich zu mehrtägigen Ausflügen kombinieren. Es werden Entdeckungen geschildert, Geschichte und Kulturgeschichte erzählt und Gelegenheiten zur Einkehr empfohlen. Alle Touren wurden von

der Autorin selbst befahren. Hotels, Restaurants und Sehenswürdigkeiten wurden recherchiert und getestet. Die Strecken sind jeweils auf beigefügten Karten eingezeichnet. Angaben zur Länge des Weges wurden mittels Tachometer ermittelt.

Die Mark Brandenburg ist überwiegend flach. In einigen Regionen wie der Uckermark oder dem Fläming finden sich kleine Hügelketten. Die Steigungen sind so moderat, dass die Kondition nicht allzu stark gefordert ist und Kinder gut mithalten können. Die Qualität der Wege ist überwiegend gut bis sehr gut. Meist geht es über asphaltierte autofreie Routen und ruhige Nebenstraßen. Kurze Abschnitte können gar nicht oder mit Kopfsteinpflaster befestigt sein. Verkehrsreiche Straßen sind selten. Die Strecken sind gut ausgeschildert. Detailliertere Hinweise finden sich in den jeweiligen Kapiteln.

Die Ausrüstung

Empfohlen wird ein Touren- oder Treckingrad. Die Gangschaltung sollte drei bis sieben Gänge haben, der technische Zustand einwandfrei und die Bereifung robust sein, am besten unplattbar. Stets sollten ein Ersatzschlauch, Flickzeug, drei Reifenheber, ein kleines Multitool-Werkzeug mit Inbus-Schlüsseln und Mini-Kettennieter mitgeführt werden, dazu eine Luftpumpe, entweder eine Handpumpe oder eine CO_2-Pumpe mit Kartuschen. Das Handy, um notfalls Hilfe herbeizurufen, sollte man nicht vergessen, so wenig wie Trinkflasche und Proviant, dazu ein kleines Erste-Hilfe-Set und Sonnenschutzmittel. Für den Transport empfehlen sich wasserdichte, gut verschließbare Radtaschen, Kleinigkeiten passen in eine Lenkertasche. Radtaschen setzen voraus, dass das Fahrrad einen belastbaren Gepäckträger hat.

Grundsätzlich gilt das »Zwiebelprinzip«, also Bekleidung in Schichten. Geeignet ist leichte atmungsaktive, wind- und wasserdichte Garderobe. Druckstellen im Gesäßbereich oder an Nieten oder Nähten sind zu vermeiden. Bei längeren Touren empfiehlt sich eine Radhose mit Polstereinsatz, dazu Regenbekleidung, inklusive Überziehern für Schuhe (Radeln mit nassen Füßen ist sehr unangenehm). Im Interesse der eigenen Sicherheit sollte ein Fahrradhelm getragen werden. Bei Dämmerung wird zu reflektierenden Kleidungsstücken geraten. Eine Radbrille, erhältlich mit Klarglas oder Sonnengläsern, schützt gegen Fahrtwind, Insekten und Sand.

Das Smartphone und die dafür entwickelten Apps erweisen sich als nützliche Helfer im Alltag und auch beim Radfahren. Sinnvolle Apps für das Finden und Ausleihen von Fahrrädern sind etwa »Call a bike« und »Nextbike«. Die Benutzung ist kostenlos, Gebühren fallen erst beim Verleih an.

Da die Zahl der Fahrraddiebstähle merklich angestiegen ist, sollte mindestens ein brauchbares Fahrradschloss mitgeführt werden.

Anreise

Die Start- und Zielorte der Touren sind mit öffentlichen Verkehrsmitteln erreichbar. Man erkundige sich vor Fahrtbeginn nach Preisen und Bedingungen zum Fahrradtransport. Während der Ferienzeit ist das Aufkommen von Radfahrern in Regionalzügen beträchtlich, was bei der Planung der Tour zu beachten ist. In manchen Regionen wird ein Fahrradshuttle mit Bussen angeboten. Günstig ist das Brandenburg-Ticket, das sich bei vielen Strecken schon ab zwei Personen rentiert; unkompliziertes Einsteigen an jeder Station innerhalb eines Tages ist dabei möglich. Für das Fahrrad muss stets ein separates Ticket gelöst werden. Sind mehrere Touren geplant, lohnt ein VBB-Monatsticket für das Fahrrad. Das Ticket sollte vor Fahrtantritt gekauft werden, Nachlösen im Zug ist – anders als früher – nur noch mit Aufpreis möglich.

Kartenmaterial und Navigationsgeräte

Neben »Brandenburg mit dem Rad« empfiehlt es sich, auch eine Regionalkarte mitzuführen. Übersichtliche und ausführliche Radkarten vertreibt der Pietruska Verlag, erhältlich entweder dort oder beim Verkehrsverbund Berlin-Brandenburg. Auch der ADFC hält gute Regionalkarten bereit. Außerdem erteilt er nützliche Auskünfte und Tipps und bietet kostenlose Fahrradchecks an.

Für eine zuverlässige Wettervorhersage eignen sich Wetter-Apps wie »wetter.com« oder »wetter.info«. Beide sind kostenlos. Gibt es eine Reifenpanne und es ist kein Flickzeug im Gepäck, helfen »Schlauchautomaten-Locator« und »Conti-Finder«, kostenlose Apps von Reifenherstellern. Mit Hilfe der GPS-Funktion und der App »Bike Brain« wird das Smartphone zum Radcomputer. Man kann die gefahrene Strecke aufzeichnen, den aktuellen Standort anzeigen lassen, die Trittfrequenz messen und – mit Zubehör – außerdem die Herzfrequenz. Eine geeignete Halterung sichert das Gerät am Lenker.

Auch »Scout« von Magic Maps zeichnet Touren auf und kann zusätzlich navigieren. Richtungswechsel und Höhenmeterprofile werden angezeigt, die App warnt, falls man sich vom Weg entfernt. Es gibt auch eine Trainingsoption, die Zubehör empfiehlt. Diese App ist kostenpflichtig.

Nutzt man das Smartphone als Navigationsgerät, wird es allerdings zum Stromfresser: Das Display verbraucht viel Energie. Hier helfen ein Fahrrad-Dynamolader, Pufferakkus oder ein Ersatzakku.

1 Wasserreichtum und Taubenturm

Von Angermünde nach Templin

Landschaft bei Glambeck

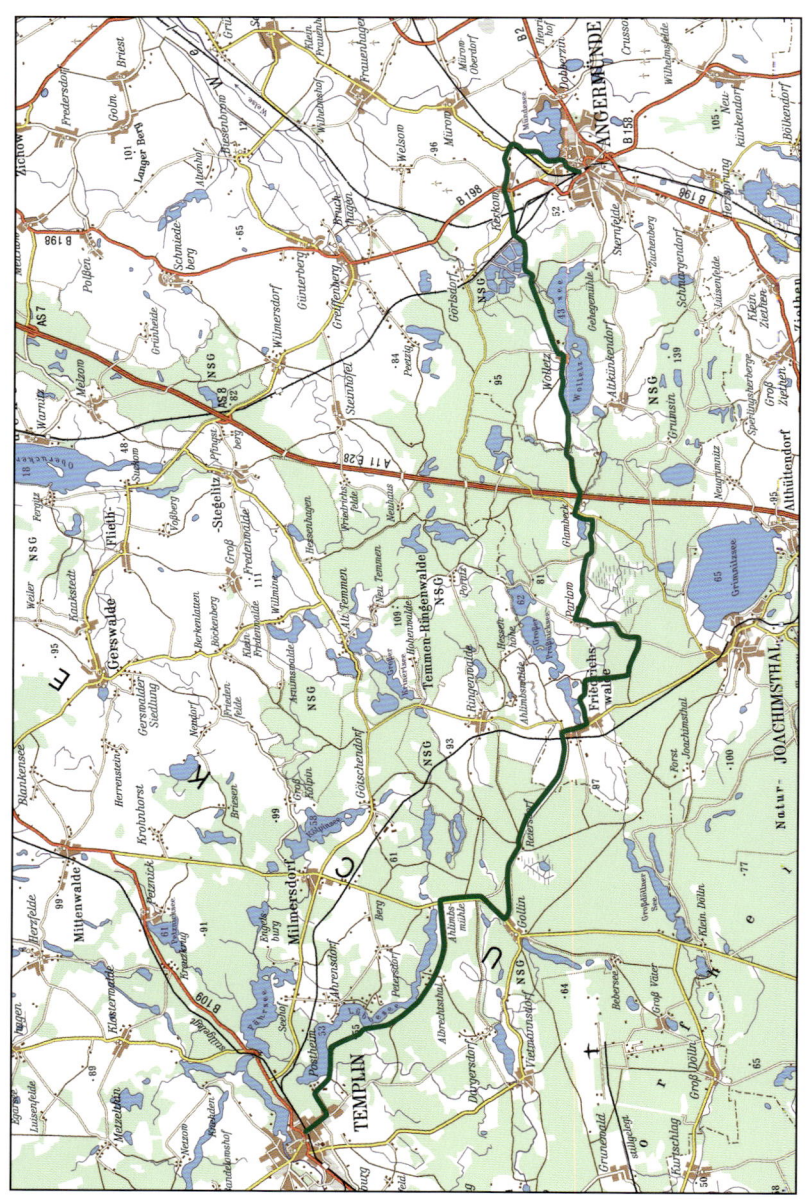

────── Wegverlauf der Tour

TOUR KOMPAKT

Anreise: Regionalbahn R3, stündlich ab Berlin-Hauptbahnhof, Berlin-Gesundbrunnen

Start: Bahnhof Angermünde

Ziel: Bahnhof Templin Stadt

Abreise: Regionalbahn RB 12 ab Templin Stadt stündlich nach Berlin-Lichtenberg

Streckenlänge: 50,5 km

Wegqualität: fast vollständig asphaltiert, wenige Wegstücke unbefestigt

Streckenprofil: leichte Steigungen und Gefälle

Verlauf: Bahnhof Angermünde / Angermünde Innenstadt / Angermünde Burgruine / Angermünde Mündesee / stadtauswärts Kerkow / Kerkow / NABU Blumberger Mühle / Wolletz / Glambeck / Parlow / Friedrichswalde / Reiersdorf / Gollin / Ahlimbsmühle / Albrechtsthal / Postheim / Templin

Kartenempfehlung: Fahrradkarte Seenland Oder-Spree Nordteil vom Pietruska Verlag

Besichtigung: Altstadt Angermünde mit Stadtmauer, Pulverturm, Burgruine, Stadtpfarrkirche St. Marien, Franziskaner-Klosterkirche Peter und Paul, Ehm-Welk-Museum, NABU-Erlebniszentrum Blumberger Mühle, Fachwerkkirche Glambeck, Taubenturm Glambeck, Templin Altstadt mit Rathaus, Fachwerkhäuser, Stadtmauer mit Türmen, Stadttoren, Wiekhäusern

Einkehrmöglichkeiten: »Gasthof am Speicher« Parlow, RADLER-POINT Glambeck in der Kirchenklause, Restaurant »Kutscherhaus« in Templin

Bademöglichkeiten: Wolletzsee, Krummer See, Lübbesee

Beschilderung: Radwegbeschilderung (grün/weiß), zusätzlich erster Teil Berlin–Usedom bis Parlow, ganze Tour Uckermärkischer Radrundweg

Endlich ist Frühling. Wir sind gierig nach Sonne und Bewegung an frischer Luft. Unser erster großer Ausflug in diesem Jahr führt von Angermünde nach Templin.

Die Fahrt mit dem Zug von Berlin dauert 50 Minuten. In Angermünde angekommen, verlassen wir den Bahnhof in Richtung Innenstadt und folgen einem Hinweisschild, das den Radweg nach Templin anzeigt, Teilstück des Uckermärkischen Radrundweges. Wir durchqueren die Altstadt, passieren

Burgruine Angermünde

einen Kreisverkehr. Eine Einkaufsstraße mit Ackerbürgerhäusern führt in Richtung Norden. Wir gelangen zur Burgruine Angermünde und an das Ufer des Mündesees.

ANGERMÜNDE: Das hübsche uckermärkische Städtchen liegt zwischen Oder und den vielen Seen der Schorfheide. Gegründet wurde es um 1233 an einer Kreuzung von Handelsstraßen, erhielt 1254 das Stadtrecht, etwa 1250 wurde die erste Kirche erbaut. 1336 fand ein Inquisitionsprozess gegen Waldenser, also Angehörige einer südfranzösischen religiösen Erneuerungsbewegung, statt; vierzehn Menschen wurden auf dem Marktplatz verbrannt. Noch im 16. Jahrhundert war von »Ketzer-Angermünde« die Rede.

Ab 1420 gehörten die Stadt und die Uckermark zu Brandenburg. Im Verlauf des Dreißigjährigen Krieges hausten hier Truppen Wallensteins wie auch König Gustav Adolfs von Schweden. Die Pest brach aus, und Hugenotten siedelten sich an. Der Siebenjährige Krieg führte abermals zu Zerstörungen und Bevölkerungsverlusten, danach zog eine preußische Garnison ein.

1817 wurde Angermünde Kreisstadt. Fünfundzwanzig Jahre später erfolgte der Anschluss an die Bahnlinie Berlin–Stettin. Eine Zeitung wurde gegründet, eine Synagoge und ein erstes Krankenhaus wurden gebaut. Industrie siedelte sich nach und nach an, 1928 schloss dann die Garnison. Von den Zerstörungen des Zweiten Weltkriegs blieb Angermünde weitgehend verschont. Die DDR-Jahre brachten eine städtebauliche Erweiterung mit neuen Wohnungen, dieweil das alte Zentrum verfiel. Nach der deutschen Einheit wurde liebevoll restauriert, und neue Betriebe entstanden.

Es gibt einige Erwähnungen des Städtchens in der schönen Literatur. Der Pferdehändler Hans Kohlhaase, bekannt geworden durch die Novelle Heinrich von Kleists, in der er Michael Kohlhaas heißt, kaufte hier um 1530 Tiere. Der Schuster Wilhelm Voigt, später berühmt als Hauptmann von Köpenick und Held eines Carl-Zuckmayer-Dramas, verbüßte eine seiner vielen Strafen im Angermünder Stadtgefängnis.

Der sozialdemokratische Journalist und Schriftsteller Ehm Welk wurde 1884 in Biesenbrow geboren, heute ein Ortsteil Angermündes. Sein bekanntestes Buch heißt die »Die Heiden von Kummerow«. Es spielt in Vorpommern, doch mit Kummerow ist eigentlich Biesenbrow gemeint, und Angermünde kommt als Randemünde vor. Welk lebte und starb in Mecklenburg. Gleichwohl gedenkt seiner die Heimatstadt mit einem Literaturmuseum.

Andere bemerkenswerte Bauten sind Marienkirche und Franziskanerkloster, wo regelmäßig Veranstaltungen stattfinden.

Vor der Burgruine und am Ufer des Mündesees stehen aus Findlingen hergestellte Steinskulpturen, Ergebnisse eines Internationalen Hartgesteinsymposiums, das der Altkünkendorfer Künstler Joachim Karbe ins Leben gerufen hat. Es findet alle zwei Jahre statt.

Der Weg aus der Stadt führt vorbei am Ufer des Mündesees, in dem sich die Silhouette Angermündes mitsamt den Türmen des ehemaligen Franziskanerklosters spiegelt. Über den Ort Kerkow führt der Weg weiter zum NABU-Erlebniszentrum Blumberger Mühle, das zum Biosphärenreservat Schorfheide-Chorin gehört. Multimedial informiert es über die Region, dazu unterhält es eine Naturerlebnislandschaft, einen Streichelzoo, einen großen Holzspielplatz, ein Labyrinth, Beobachtungsplätze und Aussichtstürme. Die Blumberger Mühle ist das ganze Jahr über geöffnet.

Vorbei an den Blumberger Teichen, einer ausgedehnten Fischteichanlage, an der Wasservögel brüten, zwischen Hecken und Wald führt der Weg nach Wolletz mit seinem Badesee. Wir überqueren die Autobahn nach Prenzlau und erreichen Glambeck. Die Fachwerkkirche – ihre Vorgängerin wurde im Dreißigjährigen Krieg zerstört – entstand im 18. Jahrhundert; denkmalgerecht restauriert wird sie, eines der kleinsten Gotteshäuser Brandenburgs, sowohl sakral als auch kulturell genutzt. Die kleine Raststätte nebenan heißt Kirchenklause. Hier halten wir Rast. Wir schwatzen mit der bestens informierten Betreiberin, einer vitalen Rentnerin.

Blumberger Teiche

Wahrzeichen des Ortes ist ein Taubenturm, den Graf Friedrich Wilhelm von Redern errichten ließ, ab 1862 Besitzer von Gut Glambeck. Der preußische Oberstkämmerer war außerdem Generalintendant für Schauspiel und Musik. Er war Komponist, Politiker und eine der zentralen Figuren des Berliner Kulturlebens in den 1830er und 1840er Jahren. Ihm unterstanden das Schauspielhaus am Gendarmenmarkt und die Königliche Oper Unter den Linden, zu seinen Freunden gehörten Felix Mendelssohn Bartholdy und Giacomo Meyerbeer. In der Hauptstadt bewohnte er ein Stadtpalais am Pariser Platz, das Karl Friedrich Schinkel ausgebaut hatte und das Jahrzehnte später abgerissen wurde, um dem feinen Hotel Adlon Platz zu machen. Da es in Brandenburg ausschließlich Gutsherren erlaubt war, Tauben zu halten, ließ sich Graf von Redern in Glambeck einen besonders repräsentativen Taubenturm errichten. Heute, gründlich saniert, wird er für Ausstellungen genutzt.

Parlow ist ein ehemaliges Rittergut. Nach wechselnden Eigentümern kam es Mitte des 19. Jahrhunderts in den Besitz derer von Wedel-Parlow. 1883 erhielt der Ort den Namen des Gutsherrn. 1939 erzwang Hermann Göring die Eingliederung des Gutes in die Stiftung Schorfheide. Parlow diente als Wildfutterbasis. 1945/46 wurde das Schloss abgerissen. Das Restaurant im erhaltenen Speicher ist empfehlenswert. Parlow heißt auch »Kranichdorf«, da auf den umgebenden Feuchtwiesen im Frühjahr und Herbst Tausende von Zugvögeln rasten.

Taubenturm, Fachwerkkirche in Glambeck außen und innen

Hinter Parlow wird die Landschaft weit. Ausgedehnte Feuchtwiesen liegen links und rechts vom Weg. Inmitten einer unscheinbaren Baumgruppe steht ein einsames Eisenkreuz nebst Gedenktafel.

FUNDSTÜCK: 1789 wurde Franz Ernst Neumann geboren, Sohn der geschiedenen Gräfin Charlotte Friederike Wilhelmine von Mellin und ihres Gutsverwalters Franz Ernst Neumann. Er wuchs beim Vater in einfachen Verhältnissen auf, von seiner adligen Herkunft erfuhr er erst als Jugendlicher. Mit eben 15 Jahren meldete er sich als Kriegsfreiwilliger und kämpfte in den Freiheitskriegen gegen Napoleon. 1815, in der Schlacht von Ligny, wurde er schwer verwundet: Sein Gesicht war zerfetzt, das Sprechen musste er erst wieder lernen. Hernach besuchte er in Berlin das Gymnasium und studierte dann Theologie und vor allem Naturwissenschaften. Er habilitierte sich in Königsberg, dort lehrte er auch und war ab Mitte der 1840er Jahre Universitätsrektor. Er arbeitete über Kristallografie, Mineralogie, über die Wellentheorie des Lichts und war einer der Begründer der mathematischen Physik, sein Lehrstuhl wurde Vorbild für andere Hochschulen. 1885 ist er in Königsberg gestorben.

Das Eisenkreuz und die Gedenktafel erinnern an ihn.

Gedenkkreuz für den Ort Mellin

Mellin, einst zum Rittergut Parlow gehörig, wurde Mitte des 17. Jahrhunderts als Zaunsetzerstelle gegründet – Zaunsetzer hielten die kurfürstlichen Wildgatter instand, wofür sie Land erhielten und die Weideberechtigung für ihr Vieh. Im 18. und 19. Jahrhundert zogen Kolonisten unter anderem aus Mecklenburg hierher, sie sollten die Wirtschaft beleben. Um 1860 entschlossen sich alle Dorfbewohner zur Auswanderung nach Amerika, Mellin wurde von einem Gutsbesitzer gekauft und abgerissen, nur der Friedhof blieb unversehrt. Früher lag nahebei der Mellensee, der im Laufe der Zeit verlandet ist. Die Feuchtwiesen sind sein Überbleibsel.

Wir fahren weiter und gelangen in das ehemalige Kolonistendorf Friedrichswalde. Der Ortsname geht auf König Friedrich II. zurück, der die Besiedlung anordnete. Wir entdecken das offene Atelier eines Bildhauers mit zum Teil skurrilen Skulpturen aus Holz, Stein und Keramik. Weiter geht es nach Reiersdorf, eine kleine Waldsiedlung mit großer Försterei und einer hochinformativen Fledermausschule, in der Führungen für Kinder und Erwachsene angeboten werden.

Es folgt das kleine Dorf Gollin. Durch den Wald führt uns der Weg nach Ahlimbsmühle, der Ortsname geht auf den Wassermühlenbesitzer Johann Georg von Ahlimb zurück. 1939 nahm Hermann Göring die Mühle in Besitz. Nahebei entstand der Flugplatz für Görings Residenz Carinhall. Unsere nächste Station Albrechtsthal besteht zu großen Teilen aus Bungalows und

Offenes Atelier in Friedrichswalde, Radweg bei Friedrichswalde, Försterei Reiersdorf

Ferienhäusern. Rasch verlassen wir das Dorf wieder. Der Weg verläuft nahe dem Lübbesee. Wir erreichen Postheim und schließlich Templin.

TEMPLIN: Das beschauliche Ackerbürgerstädtchen existiert seit 1270. Einst kreuzten sich hier Handelsstraßen von Magdeburg nach Stettin und Hamburg. Erste Siedler kamen aus dem Harz und der Altmark. Ende des 13. Jahrhunderts begann der Bau einer Wehranlage, von der noch heute die 1.735 Meter lange und bis zu sieben Meter hohe Stadtmauer steht, mit Toren, Türmen und Wiekhäusern. 1479 fiel Templin an Brandenburg.

Brände und Überschwemmungen verwüsteten die Stadt. Eine Pestepidemie und der Dreißigjährige Krieg brachten weitgehende Entvölkerung. 1735, nach einem großen Brand, bestand Templin nur noch aus Trümmern. Beim Wiederaufbau wurden die Straßen verbreitert und begradigt, wie bei Hugenottensiedlungen ähnelte ihre Anlage einem Schachbrett. Im 19. Jahrhundert wurde Templin Kreisstadt und an das Eisenbahn- und Fernsprechnetz angeschlossen. Der Kanal aus dem 18. Jahrhundert wurde neu reguliert, vertieft und erhielt eine neue Schleuse. Schiffstransporte von Holz, Getreide und Zuckerrüben nach Berlin und Hamburg kamen der örtlichen Wirtschaft zugute. Die Stadt wuchs.

Der Zweite Weltkrieg hinterließ erhebliche Zerstörungen, ein Wiederaufbau der historischen Innenstadt scheiterte an fehlenden materiellen

Waldrand bei Reiersdorf, Templiner See, Radweg hinter Parlow

Voraussetzungen. Ein großes FDGB-Ferienheim eröffnete, Templin wurde »staatlich anerkannter Urlaubsort«. Seit den 1990er Jahren existiert eine Reha-Klinik, seit 2006 eine Naturtherme.

Sehenswert sind neben der Stadtmauer die Altstadt mit ihrem barocken Rathaus und ihren Fachwerkhäusern, dazu die St.-Maria-Magdalenen-Kirche, die St.-Georgen-Kapelle und der Botanische Garten. Das Prenzlauer Tor wurde zum Stadtmuseum. Unser Abendessen genießen wir im Restaurant »Grünling«.

Der Radweg vom westlich gelegenen Metzelthin über Knehden nach Templin heißt übrigens »Spur der Steine«. Dies war der Titel eines dickleibigen realsozialistischen Aufbau-Romans, der in Leuna bei Halle spielt. Die Schatten der DDR sind ortlos und lagern überall.

ADRESSEN ZUR TOUR

Marienkirche Angermünde
Infos unter 03331-21020 oder
www.sankt-marien-ang.de
Öffnungszeiten: Montag bis Samstag
10 –16 Uhr
Sonntag 9 –15 Uhr

Museum Angermünde
Hoher Steinweg 17/18
16278 Angermünde
Telefon: 03331-267660
museum@angermuende.de
www.museumangermuende.de

Franziskaner Klosterkirche Angermünde
Klosterstraße 43 a
16278 Angermünde
Telefon: 03331-297660
info@angermuende-tourismus.de
www.angermuende.de
Öffnungszeiten: 1. Juni bis 3. Oktober
Montag bis Freitag 10 –16 Uhr
Samstag, Sonntag u. an Feiertagen
13 –17 Uhr

NABU-Erlebniszentrum Blumberger Mühle
Blumberger Mühle 2
16278 Angermünde
Telefon: 03331-2604 - 0
www.blumberger-muehle.de
Blumberger.Muehle@NABU.de
Öffnungszeiten:
April bis Oktober: Montag bis Sonntag
10 –18 Uhr
November bis März: Montag bis Sonntag
10 –16 Uhr
Eintrittspreise:
Erwachsene 4,00 Euro
Ermäßigt 3,00 Euro
Kinder 1,00 Euro
NABU Mitglieder frei
Familien 7,00 Euro

Gasthof am Speicher in Parlow
Hof 35
16247 Friedrichswalde, OT Parlow
Telefon: 033361-70374
gasthof.am.speicher@web.de

www.gasthof-am-speicher.de
Öffnungszeiten telefonisch erfragen

Glambecker Dorfkirche
Wolletzer Weg
16247 Friedrichswalde OT Parlow-
Glambeck
Telefon: 033367-252
Kirchenklause zu Veranstaltungen
geöffnet
Sonstige Öffnungszeiten:
Osterferien bis Ende Herbstferien
Freitag bis Dienstag 11 –18 Uhr

FledermausWaldschule Reiersdorf
Reiersdorf Nr. 4
17268 Templin OT Reiersdorf
Infos unter Oberförsterei Milmersdorf
Telefon: 039886-3066
ole.busch@lfb.brandenburg.de
Telefon: 039882-201
Öffnungszeiten und Preise:
auf Anfrage

Lehmann-Garten Templin
Botanischer Garten am ehemaligen
Joachimsthalschen Gymnasium
Prenzlauer Allee 28
17268 Templin
Öffnungszeiten:
Mittwoch 10 –12 Uhr
Kontakt: Herr Dr. W. Gerhardt
Telefon: 039886-66150
Führungen außerhalb der Öffnungszeit:
nach Absprache

Gourmet-Flammerie Templino
Schoko & Wein Lädchen und Café
Pestalozzistraße 21
17268 Templin
info@schoko-wein.de
Öffnungszeiten: Di bis Sa 11 –22 Uhr
Sonntag und Montag geschlossen
Telefon: 03987-2359516
Schoko & Wein Lädchen
Montag bis Donnerstag 10 –13 Uhr
Freitag 10 –17 Uhr
Samstag 10 –13 Uhr

2 Sanfte Hügel, kurze Balken

Von Bernau nach Eberswalde

Blick auf Biesenthal

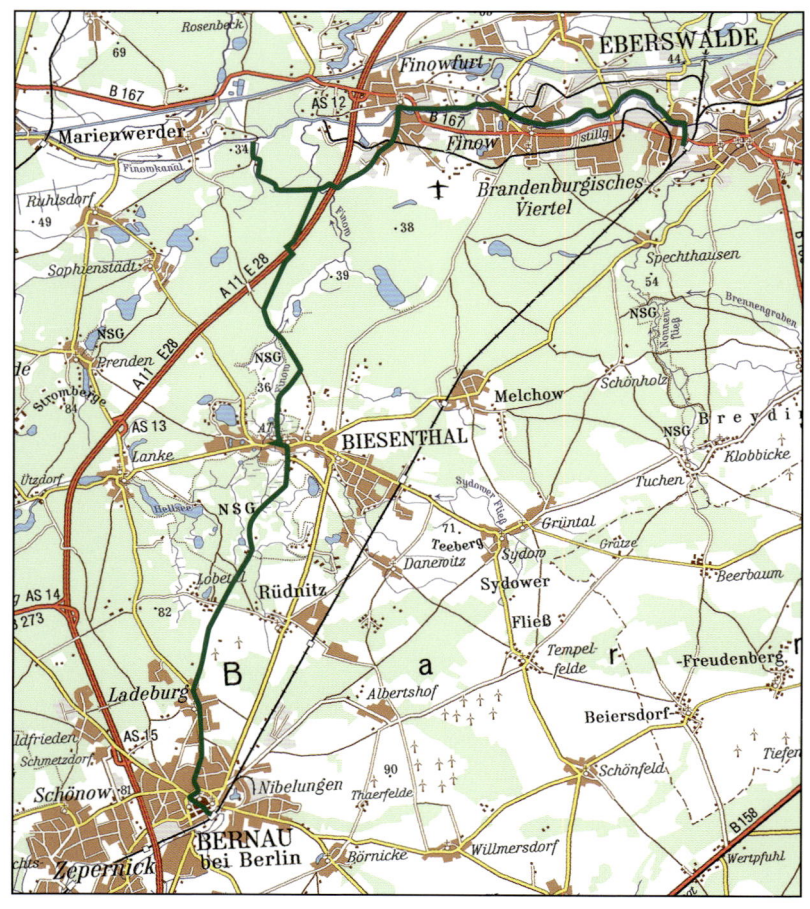

—— Wegverlauf der Tour

TOUR KOMPAKT

Anreise: S-Bahnlinie 2, tagsüber im 20-Minuten-Takt

Start: S-Bahnhof Bernau

Ziel: Bahnhof Eberswalde

Abreise: Regionalbahn ab Eberswalde-Hauptbahnhof R 3 stündlich bis Berlin-Hauptbahnhof, RB 60 nach Berlin-Gesundbrunnen, RB 63 bis Berlin-Lichtenberg

Streckenlänge: 40 km

Wegqualität: überwiegend asphaltiert, wenige Wegstücke Kopfsteinpflaster

Streckenprofil: im Abschnitt Bernau–Biesental leichte Steigungen und Gefälle

Verlauf: S-Bahnhof Bernau / Bernau Innenstadt / stadtauswärts Richtung Nordwest Oranienburger Straße / Wandlitzer Straße / Fritz-Heckert-Straße / Hannes-Meyer-Campus / stadteinwärts Wandlitzer Straße / Oranienburger Straße / Bernau Innenstadt / Ladeburg / Lobetal / Biesenthal / Grafenbrück / Finowfurt / Eberswalde / Eberswalde Hauptbahnhof

Kartenempfehlung: Fahrradkarte Seenland Oder-Spree Nordteil vom Pietruska Verlag

Besichtigung: Innenstadt Bernau, Heimatmuseum im Henkerhaus, Steintor, Pulverturm, Wolf Kahlen Museum, Hannes-Meyer-Campus, Kaiser-Wilhelm-Turm Biesenthal

Einkehrmöglichkeit: »Schleusengraf« Grafenbrück, Restaurant »Alte Brauerei«, Eberswalde

Beschilderung: Radwegbeschilderung (grün/weiß), zusätzlich erster Teil Berlin–Usedom bis Wegkreuzung vor Grafenbrück, ab da Treidelradweg

RADWEG
Berlin-Usedom

D ie heutige Tour führt von Bernau durch das Barnimer Land bis in die Stadt Eberswalde. Nach Bernau gelangen wir von Bahnhof Friedrichstraße mit der S-Bahnlinie 2.

BERNAU: Die Stadt hat eine lange Geschichte.
Schon sehr früh gründeten sich hier Siedlungen. Im 13. Jahrhundert entstand die Stadt und wurde durch Tuchproduktion und Bierherstellung bald reich.

1432 kam es zur Belagerung durch Hussiten, die erfolgreiche Verteidigung übernahmen Frauen, welche den Angreifern heißen Biersud auf die Köpfe gossen.

Bernauer Altstadt mit Pulverturm, Stadtmauer und Eingangsschild des Henkerhauses

Pest und Dreißigjähriger Krieg ließen Bernau über Jahrhunderte veröden. Erst die Eröffnung der Eisenbahnstrecke Berlin–Eberswalde und die Nähe zur preußisch-deutschen Hauptstadt brachten einen Aufschwung. Im Zweiten Weltkrieg blieb die Stadt verschont.

Nach Kriegsende war Bernau ein Standort der sowjetischen Streitkräfte. In den 1980er Jahren wurden Altbauten abgerissen und durch öde Plattenbauten ersetzt.

Sehenswert sind die Reste der mittelalterlichen Stadtmauer, Pulver- und Hungerturm, das Heimatmuseum mit dem Steintor und dem Henkerhaus. An dessen Fassade sind die Namen der hier tätigen Scharfrichter verzeichnet, darunter einige Frauen. Das Wolf Kahlen Museum stiftete sein Namensgeber, ein aus dem Rheinland zugezogener Objekt- und Performance-Künstler.

Eine Stahlstele listet Namen von hingerichteten Ketzern und Hexen auf, die in Bernau verbrannt wurden.

Die Marienkirche, ein mächtiger spätgotischer Bau, beherbergt einen Flügelaltar, welcher der Schule des älteren Lucas Cranach zugehören soll. Das mittelalterliche Sankt-Georgen-Hospital, erbaut im Auftrag der Tuch- und Gewandschneider, übernahm die Behandlung von Pestkranken.

Im Norden der Stadt verzeichnet der Stadtplan einen »Hannes-Meyer-Campus«, offensichtlich benannt nach dem Schweizer Architekten und Direktor des Dessauer Bauhauses.

Kirche in Ladeburg, Radweg vor Biesenthal, Felder bei Lobetal

FUNDSTÜCK: 1928 erwarb der Allgemeine Deutsche Gewerkschaftsbund (ADGB) ein etwa 6,2 Hektar großes Gelände. Er schrieb einen Wettbewerb zum Bau eines Zentrums für Weiterbildung und Erholung aus, und der Architekt Hannes Meyer setzte sich mit seinem Entwurf unter anderem gegen Erich Mendelsohn und Max Taut durch. Die Grundsteinlegung erfolgte im Juli 1928, im Mai 1929 feierte man Richtfest, im Mai 1930 war die Eröffnung. Drei Jahre nutzte der ADGB den Bau für Weiterbildung und Erholung, dann, nach Hitlers Machtübernahme, besetzten SA-Einheiten das Objekt. Eine Reichsschule der NSDAP zog ein. Auch andere Nazi-Organisationen wurden aktiv, im Sommer 1939 probte die SS hier den »polnischen Überfall auf den Sender Gleiwitz«, womit der Zweite Weltkrieg begann. 1945 wurde der Bau Lazarett der Roten Armee, 1946 übernahm der ostdeutsche Gewerkschaftsbund FDGB und schulte hier seine Funktionäre. Die Anlage wurde erweitert und unter Denkmalschutz gestellt. 1990 unterstand sie zunächst der Treuhandanstalt, 2001 übernahm die Handwerkskammer Berlin das Areal und ließ sanieren. Heute befindet sich hier ein Seminar- und Lehrgangshotel, andere Gebäudeteile nutzt das Barnim-Gymnasium. Die Anlage gilt als eine der bedeutendsten Architekturen des Bauhauses von Weimar und Dessau.

Kaiser-Wilhelm-Turm Biesenthal, Wehrmühle Biesenthal, Rathaus Biesenthal

Wir verlassen Bernau auf der Route des Radweges Berlin–Usedom in nördliche Richtung. Blühende Wiesen, Waldstücke und Alleen prägen das Landschaftsbild. Das Dorf Ladeburg wurde 2001 Ortsteil von Bernau. Auf seinem dreieckigen Dorfanger steht eine Dorfkirche aus dem 13. Jahrhundert mit fünfseitiger Apsis. Der Weg führt durch Felder, die Sonne wärmt, es weht leichter Wind. Die von der Weichseleiszeit geformte Landschaft wird wellig, unsere Gangschaltungen leisten gute Dienste. Lobetal. Die Ortschaft wurde bekannt durch die 1905 von Pastor Friedrich von Bodelschwingh zunächst als Obdachlosenasyl gegründeten Hoffnungstaler Anstalten. Heute, als Zentrum des Diakonischen Werkes, bieten sie Wohn- und Werkstätten für Behinderte, Senioren sowie Epilepsie- und Suchtkranke. 1990 fand der abgesetzte SED-Chef Erich Honecker samt Frau Margot in ihr ein vorübergehendes Asyl.

Am Ortsrand von Lobetal beginnt der Naturpark Barnim. Es duftet nach Moos und Pilzen. Die Umgebung wird sumpfig, Mücken schwärmen, gegen sie hilft nur schnelleres Fahrtempo. Mitten im Wald die Langerönner Getreidemühle, einst angetrieben von Wassern der umgebenden Fließe. Nach kleinen Steigungen und schönen Abfahrten erreichen wir Biesenthal. Dessen Ursprung waren slawische Siedlungen. Zwei Wehranlagen sind nachweisbar, eine auf dem großen Schlossberg, wo sich neben Resten einer askanischen Burg der im 19. Jahrhundert errichtete Kaiser-Friedrich-Turm findet, eine

Gebäude des »Schleusengraf« in Grafenbrück

inzwischen gesperrte Aussichtsplattform. Hinter dem Schlossberg beginnen Gartenanlagen.

Die Wehrmühle Biesenthal wurde erstmals 1375 erwähnt, sie diente der Burg als Vorwerk. Zur Mühle gehörte ein Verwaltungsgebäude, das 1907 ein jüdischer Unternehmer namens Mühsam erwarb, er verwandelte es in eine Villa mit Stuckfassade. Heute befindet es sich abermals in Privatbesitz. 2006 bis 2010 fand darin die jährliche Kunstaustellung ART Biesenthal statt.

Der Weg führt zu einer Brücke über die Autobahn A 11, dann zu einer Weggabelung und schließlich zum Pregnitzfließ. An einer Kreuzung schneiden sich der Radweg Berlin–Usedom und der Treidelradweg, dem wir folgen. Wir entdecken ein Gebäude mit auffälligem Dach, in der Form eines umgekehrten Bootes, Indiz für eine bemerkenswerte Geschichte: Das Haus gehörte zunächst der Königlichen Wasserbauinspektion, die von 1765 bis 1875 in Grafenbrück saß. Die Schleuse selbst existierte schon im 17. Jahrhundert, ihre Entstehung verdankte sie dem Bau des Finowkanals.

Die Dachkonstruktion des Inspektionsgebäudes geschah in Bohlenbinderbauweise, die eine Erfindung des preußischen Klassizisten David Gilly war: Mehrere Lagen kurzer Holzbohlen wurden zu langen, bogenförmigen Tragelementen verbunden, wodurch statt großer Balken auch minderwertige kurze Hölzer Verwendung finden konnten.

Am langen Trödel in Finowfurt, Eberswalde, Biber im Langen Trödel

Ein Förderverein hat das Gebäude denkmalgerecht wiederhergestellt und an die Gaststätte »Schleusengraf« vergeben. Die offeriert deftige Mahlzeiten, Getränke und Livemusik.

Die Landschaft wird trockener. In langer Reihe stehen Solarzellen eines großen Kraftwerkes. Ein Hinweisschild führt zum Luftfahrtmuseum Finowfurt, gelegen auf einem ehemaligen Flugplatz der Roten Armee. Der Anblick wirkt etwas trist.

Finowfurt am Finowkanal entstand aus dem Zusammenschluss von Schöpfurth und Steinfurth. Der Treidelradweg führt von hier über Eberswalde bis Hohensaaten an der Oder. Am Kanalrand beginnt ein förmlicher Urwald, hinter einem dichten Schilfgürtel schwimmen Teichrosenblätter mit gelben Blüten. Es ist still und dämmert schon. In der Mitte des Kanals schwimmt ein Biber. Diese Tierart, so erfahren wir, ist hier längst keine Seltenheit mehr.

Die ersten Gebäude von Eberswalde werden sichtbar. Die Dunkelheit nimmt zu. Der Tag endet in einem gemütlichen Biergarten auf dem Gelände einer einstigen Eberswalder Brauerei.

ADRESSEN ZUR TOUR

Stadt- und Museumsführungen
Stadtführung inkl. Besuch der Museen im Steintor und im Henkerhaus: 25 Euro zzgl. Eintritt ins Museum Henkerhaus: 1 Euro pro Person, ermäßigt 0,50 Euro Eintritt ins Museum Steintor mit Hungerturm: 2 Euro pro Person, ermäßigt 1 Euro, Führungen im Kostüm möglich, Anmeldungen unter: 03338-700496, museum@bernau-bei-berlin.de

Heimatmuseum Bernau – Steintor
Berliner Straße
16321 Bernau bei Berlin
Telefon: 03338-2924
Öffnungszeiten: Mai bis Oktober
Dienstag bis Freitag 9–12 Uhr und
14–17 Uhr, Samstag, Sonntag u. an Feiertagen 10–13 Uhr und 14–17 Uhr

Heimatmuseum Bernau – Henkerhaus
Am Henkerhaus
16321 Bernau bei Berlin
Telefon: 03338-2245
ganzjährig geöffnet
Dienstag bis Freitag 9–12 , 13–17 Uhr,
Samstag, Sonntag u. an Feiertagen 10–13,
14–17 Uhr

Wolf Kahlen Museum — Intermedia Arts Museum
Grünstraße 16, Am Pulverturm
16321 Bernau bei Berlin
wolf-kahlen.museum@wolf-kahlen.net
www.wolf-kahlen.net/museum/
Telefon: 03338-753175
Öffnungszeiten: ganzjährig geöffnet
Dienstag bis Sonntag, Feiertage
15–18 Uhr
Eintritt: 4 Euro

Marienkirche Bernau
Kirchplatz 8
16321 Bernau
Infos unter Gemeindebüro
Telefon: 03338-70220
www.kirche-barnim.de
Eintritt frei

Bauhaus Denkmal Bundesschule Bernau
Hannes-Meyer-Campus 9
16321 Bernau bei Berlin
verein@bauhaus-denkmal-bernau.de
www.bauhaus-denkmal-bernau.de
Telefon: 03338-767875
Öffnungszeiten: Donnerstag u. Sonntag:
10–14.30 Uhr
Führung: Donnerstag, Samstag u. Sonntag um 11.30 und 14.30 Uhr

Kaiser-Friedrich-Aussichtsturm
Wehrmühlenweg
16359 Biesenthal
biesenthal@barnim-tourismus.de
www.machmalgruen.de
Telefon: 03337-490718
Öffnungszeiten: 1. April bis 31. Oktober:
täglich 9–19 Uhr, Führungen nach
Absprache, Eintritt frei

Naturpark Barnim
Breitscheidstraße 8–9
16348 Wandlitz
Kontakt: Dirk Krone
Telefon: 033397-670317
wandlitz@naturwacht.de
www.naturwacht.de

Raststätte Der Schleusengraf
Grafenbrücker Weg 4
16348 Marienwerder
Infos unter: 03335-330293 oder
0172-5331991
Schleusengraf@aol.de
www.derschleusengraf.de
Öffnungszeiten: in der Saison 10–22 Uhr

Alte Brauerei
Eisenbahnstraße 29
16225 Eberswalde
Telefon: 03334-22387
www.alte-brauerei-eberswalde.de
info@alte-brauerei-eberswalde.de
Öffnungszeiten:
Montag bis Sonntag 11–14 Uhr
17–19 Uhr

3 Märkische Industriegeschichten

Von Eberswalde nach Bad Freienwalde

Schöpfwerk Liepe an der Oder

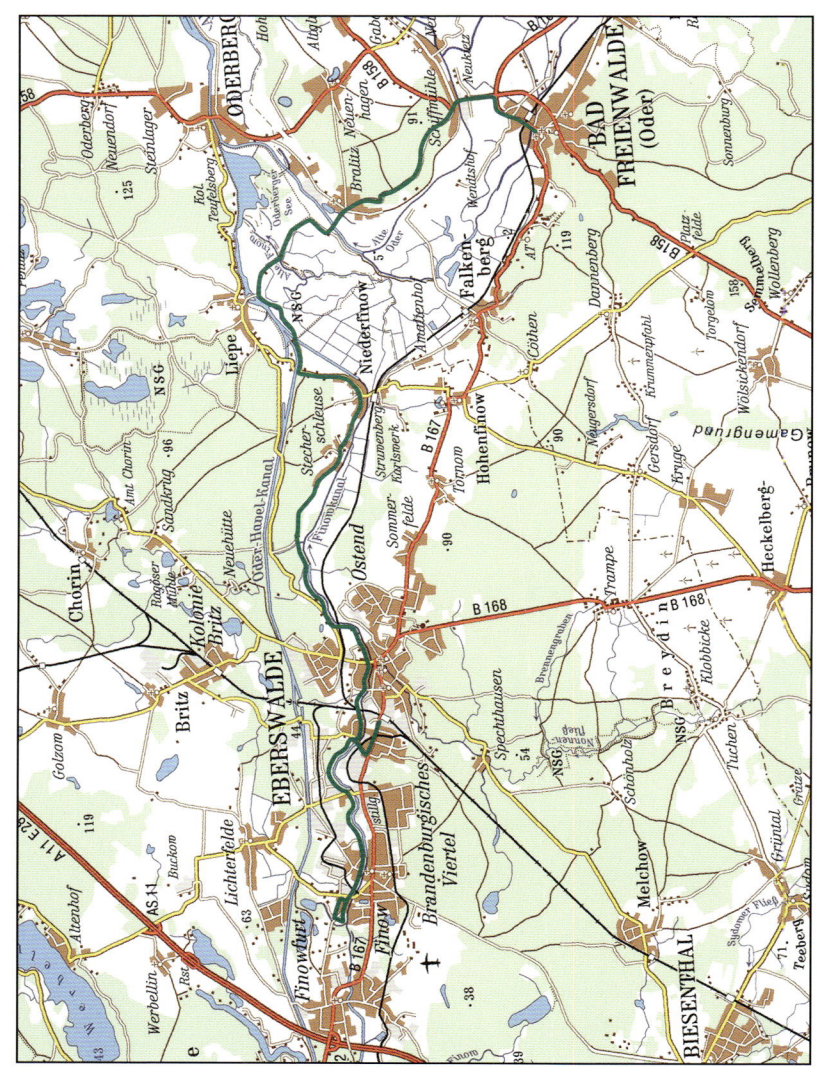

————— Wegverlauf der Tour

TOUR KOMPAKT

Anreise: Regionalbahn R 3, RB 66, RB 60, etwa alle 30 Minuten ab Berlin

Start: Bahnhof Eberswalde

Ziel: Bahnhof Bad Freienwalde

Abreise: Regionalbahn RB 63 ab Bad Freienwalde stündlich nach Berlin-Lichtenberg

Streckenlänge: 48 km

Wegqualität: überwiegend asphaltiert, wenige Wegstücke unbefestigt, kurze Stücke auf der Straße

Streckenprofil: um Bad Freienwalde leichte Steigungen und Gefälle

Verlauf: Bahnhof Eberswalde / Eberswalde Kupferhammerschleuse / Schleuse Drahthammer / Hubbrücke Lichterfelder Straße / Eberswalde-Finow Messingviertel / zurück zur Kupferhammerschleuse / Stecherschleuse / Nieder-finow / Schleuse Liepe / Schöpfwerk Liepe / Bralitz / Schiffsmühle / Bad Freienwalde

Kartenempfehlung: Fahrradkarten Seenland Oder-Spree Nordteil und Uckermark vom Pietruska Verlag

Besichtigung: Eberswalde mit Messingviertel, Schleusen, Zoo, Kirche Niederfinow, Schiffshebewerk Niederfinow, Fontanehaus Schiffmühle, Schloss Freienwalde, Oderlandmuseum Bad Freienwalde

Einkehrmöglichkeiten: Restaurant im Hotel Lender Bad Freienwalde

Beschilderung: Radwegbeschilderung (grün/weiß), zusätzlich Treidelradweg bis Niederfinow, ab da Radwegbeschilderung (grün/weiß)

RADWEG
Berlin-Usedom

Die Industriedenkmäler am Finowkanal haben unsere Neugier geweckt, wir starten erneut in Eberswalde. Vom Bahnhof aus radeln wir auf dem Treidelweg am Finowkanal. Treideln meint das Ziehen von Schiffen stromaufwärts, meist durch Zugtiere, die sich auf dem Pfad bewegten, der heute ein Radweg ist. Am Kanal wenden wir in Richtung Westen und fahren vorbei an der Kupferhammerschleuse, der Schleuse Drahthammer und der Hubbrücke Lichterfelder Straße – alles Zeugnisse einer langen Industriegeschichte. Der Verkehrslärm bleibt zurück. Wir erreichen die grüne Idylle am Kanalufer.

EBERSWALDE: Die Stadt liegt in einem Urstromtal etwa 50 Kilometer von Berlin entfernt. Der erste Teil des Namens zitiert das männliche Wildschwein, das auch Wappentier wurde, der zweite Teil die reichlichen Forste, denen sich der Beiname Waldstadt verdankt. Es finden sich steinzeitliche Sied-

Schleuse Kupferhammer

lungsspuren, später lebten Slawen hier und errichteten eine Wallanlage. Für den Verkehr wichtig war die Furt über die Finow.

Offizielles Stadtgründungsdatum ist das Jahr 1254. Eine markgräfliche Burg diente der Grenzsicherung, die bereits im 14. Jahrhundert verfiel. Der Ort wurde Markt. Es gab Brände und Wiederaufbau, es entstanden eine Papiermanufaktur, die Werkstätten von Tuchmachern, Eisen-, Blech-, Drahthämmern und Messerschmieden. Der Dreißigjährige Krieg brachte Verwüstungen. Einwanderer aus Thüringen und dem Rheinland kamen, 1830 zog die Forstakademie von Berlin nach Eberswalde. Ab Mitte des 19. Jahrhunderts gründeten sich zahlreiche Fabriken, darunter die Ardeltwerke, heute Kranbau Eberswalde. Die Stadt wurde Eisenbahnknotenpunkt.

Während des Zweiten Weltkriegs beschäftigten die Betriebe Zwangsarbeiter. Das KZ Ravensbrück unterhielt hier ein Außenlager. Gegen Kriegsende wurde Eberswalde durch Bomben zerstört, in der DDR gedieh es zu einem bedeutenden Industrie- und Agrarstandort; die sowjetischen Streitkräfte errichteten hier große Kasernen. Nach 1989/90 kam es zu Umstrukturierungen und Neugründungen der Industrie. Eberswalde wurde Forschungszentrum und erhielt eine Fachhochschule. Auf dem Gelände der Landesgartenschau von 2002 wurde der Familiengarten angelegt. Im viel besuchten Zoologischen Garten leben 1300 Tiere aus 140 Arten, einheimische und Exoten.

Ruine des Papierwerkes Wolfswinkel, Wasserturm in der Messingsiedlung, Kraftwerk Heegermühle

Das Papierwerk Wolfswinkel ist nur mehr Ruine. Hier befand sich die einzige DDR-Werkstätte für handgeschöpftes Bütten, zudem wurden andere Papiere hergestellt. Anwohner erzählen, die stinkenden Abwässer seien ungeklärt in den Kanal geflossen. 1994 endete dieser Betrieb.

1909 wurde das Kraftwerk Heegermühle erbaut, finanziert unter anderem von der Berliner AEG. Es war die Keimzelle des neu gegründeten »Märkischen Electricitätswerkes« (MEW), später größtes Energieversorgungsunternehmen der Mark Brandenburg überhaupt. Von hier aus sollte die Region elektrifiziert und die Ansiedlung von Industrie entlang des Oder-Havel-Kanals gefördert werden, die Planung stammt von Georg Klingenberg, Direktor bei der AEG. Die Architektur stammt von Werner Issel, einem Spezialisten in Sachen Kraftwerksbau, die Ausführung erfolgte in damals ungewöhnlicher Steifrahmenkonstruktion. Aufbau und Anordnung der Anlage folgten der technischen Funktion. Das Konzept diente zahlreichen Kraftwerken als Vorbild.

Das Messingwerk im Ortsteil Finow wurde bereits 1698 gegründet und war bis 1945 in Betrieb. 1863 kaufte der Industrielle Gustav Hirsch das Werk, hergestellt wurden Bleche, Drähte, Kessel und Röhren, außerdem Munitionshülsen, Zünder und Granaten. Gustav Hirsch war ein für seine Zeit recht fortschrittlicher Unternehmer. Das Wohl seiner Mitarbeiter hatte für ihn hohe Priorität. Er ließ die Messingwerksiedlung errichten, mit eigener Schu-

Renovierte Wohnhäuser in der Messingsiedlung

le und zwei Lehrerhäusern. Bei den Aushubarbeiten wurde der sogenannte Eberswalder Goldschatz gefunden: 81 Objekte, aufbewahrt in einem tönernen Topf, etwa aus dem Jahre 750 v. Chr. Diesen größten archäologischen Goldschatzfund Deutschlands verbrachte bei Kriegsende die Rote Armee nach Moskau, wo er sich immer noch befindet. Er wird im Depot des Puschkin-Museums aufbewahrt. Das im Eberswalder Museum gezeigte Exponat ist eine Nachbildung.

Das Messingwerk des Gustav Hirsch aber florierte. Die Mitarbeiterzahl wuchs von 200 im Jahr 1872 über 950 im Jahr 1907 auf 2.390 im Jahr 1918. Nach Gustav Hirsch übernahm dessen Neffe Aaron die Leitung und nach ihm dessen Sohn Siegmund.

Das 1929 eröffnete Neuwerk war die größte und leistungsfähigste Messingfabrik in Europa. 1932 verließ die Familie Hirsch das Unternehmen, Siegmund emigrierte nach Ägypten, Aaron und seine Frau lebten in Wiesbaden, wo 1942, wohl unter dem Eindruck der Judenverfolgungen, sich beide das Leben nahmen.

FUNDSTÜCK: 1931/32 wurden in Plattenbauweise acht Systemfertighäuser mit Fassaden aus Kupferblech errichtet. Entwickelt hatten sie der Architekt Robert Krafft und der Ingenieur Friedrich Förster

Kupferhaus, Ruine in der Messingsiedlung, Altes Hüttenamt in der Messingsiedlung

für die Hirsch Kupfer- und Messing-werke (HKM). Die Häuser konnten effektiv transportiert und schnell montiert werden, auf der Internationalen Kolonialausstellung 1931 in Paris erhielten sie einen Grand Prix. Walter Gropius übernahm die Leitung des Projektes und entwarf ein Modell in der Formensprache der Moderne.

Während der Weltwirtschafts-krise schloss die Abteilung Kupferhausbau der HKM. Daraufhin gründete sich in Berlin die Deutsche Kupferhausgesellschaft DKH, produziert wurde weiterhin in Eberswalde. Neun verschiedene Typen gab es, mit Namen wie »Kupfercastell«, »Lebensquell« oder »Eigenscholle«. An den Typen »Sor-

genfrei« und »Kupferstolz« war Gropius beteiligt. Ab Mitte 1933 bot die DKH für Palästina Typen wie »Spezial«, »Haifa« und »Scharon« an, jüdische Emigranten nahmen Kupferhäuser mit in das britische Mandatsgebiet, das später der Staat Israel wurde; der Typ »Haifa«, in 34 Pakete verpackt und mit einem Gesamtgewicht von 15 313 kg, konnte per Schiff transportiert werden.

1934 endete die Produktion. Kupfer war zu einem wichtigen Rohstoff für die Rüstungsindustrie geworden.

Bis heute stehen einige der Kupferhäuser in Berlin und auch in Israel. Die in Eberswalde werden weiterhin bewohnt.

Replik des Eberswalder Goldschatzes in der Messingsiedlung, Villa Hirsch, Teufelsbrücke

Die Messingsiedlung wurde während der letzten Jahre teilweise saniert. Die Villa Hirsch befindet sich in erbärmlichem Zustand. Hinter den Kupferhäusern erhebt sich der Wasserturm, ein Beispiel expressionistischer Architektur, entworfen von Paul Mebes, der auch Architekt der Villa Hirsch war. Die Teufelsbrücke, heute Ruine, wurde aus ursprünglich für die Berliner Weidendammbrücke bestimmten Teilen montiert.

Wir kehren zurück auf unseren Weg und fahren vorbei an der Eberswalder Schleuse stadtauswärts. Die ehemals »Staedtische Badeanstalt«, 1926 eröffnet und 1990 geschlossen, ist heute ein Gaststättenbetrieb und hat Flammkuchen auf der Speisekarte.

1909 begann die Firma C. Lorenz aus Berlin bei Eberswalde mit dem Betrieb einer Versuchsfunkstelle, 1923 sendete sie die ersten drahtlosen Konzerte, das erste deutsche Rundfunkorchester bestand aus sechs Eberswalder Musikern.

Die Stadt liegt hinter uns. Wir radeln unter Bäumen, am Wegrand wachsen wilder Hopfen und Ackerwinde. Wasservögel schwimmen im Kanal, im Schilf ankern Boote.

Dann öffnet sich die Landschaft. Alles wird weit und licht. Dies ist die Mönchsheide, sie gehörte einst dem Kloster Chorin. Der kleine Fluss Ragöse mündet hier in den Finowkanal. Die Stecherschleuse gab einem Ortsteil von Niederfinow ihren Namen, im Ortszentrum steht eine kleine Fachwerkkir-

Ehemalige Badeanstalt Eberswalde, Feldsteinkirche Niederfinow, Mönchsheide

che aus dem 13. Jahrhundert. In der Ferne sieht man Kräne, Restaurants und Hotels säumen die Straße, Indiz für florierenden Tourismus.

1934 in Betrieb genommenen, ist Niederfinows Schiffshebewerk unter seinesgleichen das älteste noch arbeitende in Deutschland. Die Höhe des Hebewerks beträgt 60, die Länge 94, die Breite 27 Meter, überwunden wird ein Höhenunterschied von 36 Metern, der Hebevorgang dauert fünf Minuten. Derzeit entsteht ein neues Hebewerk, dessen Fertigstellung für 2014 geplant ist. Dann sollen 115 Meter lange und 11,45 Meter breite Fahrzeuge Niederfinow passieren können.

Wir biegen ab in Richtung Bralitz. An der Schleuse Liepe ist der Kanal stark verkrautet. Die Landschaft wird einsam. Vorbei am Schöpfwerk geht es über die Alte Wriezener Oder nach Bralitz. Das Dorf gehört inzwischen zu Bad Freienwalde. Bis 1997 lag es an einer heute stillgelegten Bahnstrecke. Im nächsten Ort, Schiffsmühle, wohnte von 1855 bis 1867 Louis Henri Fontane, Vater des berühmten Dichters. Henri Fontane liegt auch hier begraben.

Bad Freienwalde hat ein Schloss, 1798/99 von David Gilly erbaut als Sommerwitwensitz für Königin Friederike Luise von Hessen-Darmstadt. Sie war verheiratet mit König Friedrich Wilhelm II. von Preußen, der sie gerne betrog. 1909 kaufte der Großindustrielle, Schriftsteller, Maler und Politiker Walter Rathenau das Anwesen, ließ es restaurieren und verbrachte dort seine Sommer. Mitarbeiter und Freunde besuchten ihn, Gerhart Hauptmann und

Schloss Freienwalde

Carl Sternheim samt Familien waren zu Gast. 1922 war Rathenau deutscher Außenminister, rechtsradikale Freischärler (»Schlagt tot den Walter Rathenau, die gottverdammte Judensau!«) lauerten ihm auf und ermordeten ihn. Seine Erben schenkten das Schloss dem Kreis Oberbarnim. 1945 geplündert, wurde es von 2002 bis 2007 gründlich restauriert und ist heute Gedenkstätte. Im Schlosspark, von Peter Joseph Lenné gestaltet, stehen ein Teehäuschen, einst Theatersaal, und ein Gärtnerhaus.

Es ist Abend geworden. Wir finden, Bad Freienwalde lohnt einen weiteren Besuch. Vorerst sind wir hungrig. Das Restaurant im Hotel Lender serviert ein deftiges Abendessen. Danach geht es mit der Bahn zurück nach Berlin.

ADRESSEN ZUR TOUR

Museum Eberswalde
Steinstraße 3
16225 Eberswalde
Telefon: 03334-64-415
museum@eberswalde.de
www.museum-eberswalde.de
Dienstag bis Sonntag 10–13 Uhr
und 14–17 Uhr
Montag geschlossen
Eintritt: Erwachsene 4,00 Euro, Ermäßigt 2,00 Euro, Kinder bis 17 Jahre frei
Kombiticket Museum-Familiengarten - Zoo: Erwachsener 13,00 Euro, Ermäßigt 6,50 Euro, Kinder (4 bis 17 Jahre) 6,50 Euro, Kinder (bis 3 Jahre) kostenfrei
Kombiticket Kloster Chorin-Museum: Erwachsener 5,00 Euro, Ermäßigt 3,00 Euro, Museumsführung und Stadtführung auf Bestellung, Öffentliche Stadtführung ohne vorherige Anmeldung

Finower Wasserturm

Am Wasserturm 2
16227 Eberswalde
www.wasserturm-finow.de
Öffnungszeiten:
Ab Ostern bis nach den Herbstferien
Samstag, Sonntag u. an Feiertagen
10–17 Uhr, Freitag nach Voranmeldung
Eintritt: Erwachsene 3 Euro, ermäßigt
1 Euro, Führungen: 5 Euro, ermäßigt 2
Euro, Kinder unter 6 Jahren Eintritt frei

Kloster Chorin

Amt Chorin 11a
16230 Chorin
Telefon: 033366-70377
besichtigung@kloster-chorin.org
www.kloster-chorin.org
Öffnungszeiten:
Sommer: täglich 9–18 Uhr
Winter: täglich 10–16 Uhr
Erwachsene: 6,00 Euro
Ermäßigt / Kinder (ab 7 Jahre): 3,50 Euro
Familien: 13,00 Euro
Eintritt + Klosterfrühstück im
Klostercafé: 17 Euro
Klostercafé: April (ab Ostern) bis Oktober
täglich von 10–18 Uhr, November bis
Dezember Wochenende 10 – 16 Uhr

Schiffshebewerk Niederfinow

Hebewerkstraße 52
16248 Niederfinow
Telefon: 033362-71377
www.schiffshebewerk-niederfinow.info
Eintritt: 3,00 Euro pro, ermäßigt
2,00 Euro
Kinder unter 6 Jahre frei
Öffnungszeiten: 22. Februar bis 24. März
Montag bis Sonntag:
10–16 Uhr
25. März bis 13. Oktober Montag bis
Sonntag: 9–17:30 Uhr
14. bis 27. Oktober Montag bis Sonntag:
9:30–17:30 Uhr
28. Oktober bis 30. Dezember Montag bis
Sonntag: 10–16 Uhr
Führungen Telefon: 033362-204

Fontanehaus Schiffmühle

Museum mit Café
Schiffmühle 3
16259 Schiffmühle
Telefon: 03344-150890
b.schubert@moorkurstadt.de
www.fontanehaus-schiffmuehle.jim-
dofree.com
Öffnungszeiten: auf Anfrage

Schloss Freienwalde

Rathenaustraße 3
16259 Bad Freienwalde
Infos unter 03344-300367 oder
03344-3407
rathenau-schloss@t-online.de
Donnerstag bis Sonntag:
11–17 Uhr
Eintritt: Erwachsene 4,00 Euro, ermäßigt
2,00 Euro

Oderlandmuseum

Uchtenhagenstraße 2
16259 Bad Freienwalde (Oder)
Telefon: 03344-2056
oderlandmuseum@albert-heyde-stif-
tung.de
www.oderlandmuseum.de
Öffnungszeiten: auf Anfrage

Hotel-Restaurant-Café Lender

Königstraße 49
16259 Bad Freienwalde
Telefon 03344-32682
info@hotel-lender.de
www.pension-cafe-lender.de
Öffnungszeiten: Montag bis Freitag
9–23 Uhr
Samstag 17–22 Uhr
Sonntag Ruhetag

4 In den Niederungen der Oder

Von Bad Freienwalde nach Strausberg

Im Kurpark von Bad Freienwalde

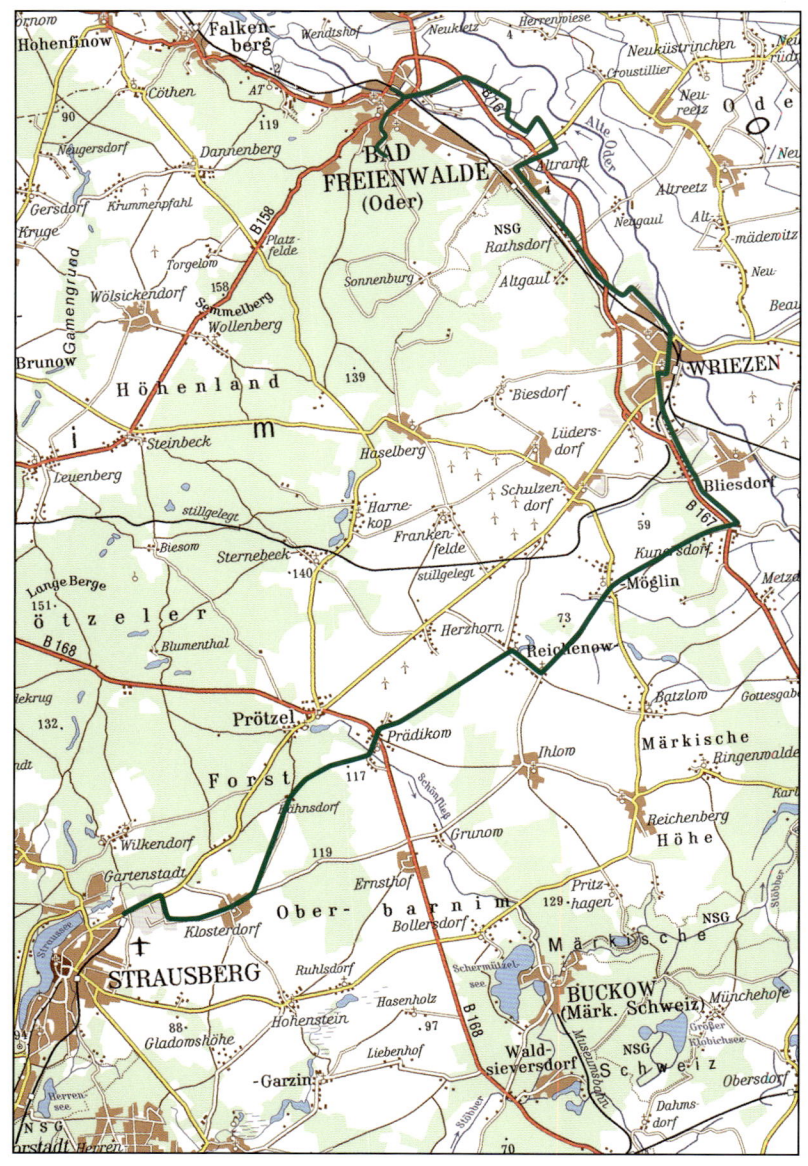

——— Wegverlauf der Tour

TOUR KOMPAKT

Anreise: Regionalbahn RB 60 stündlich ab Berlin-Lichtenberg

Start: Bahnhof Bad Freienwalde

Ziel: S-Bahnhof Strausberg-Nord

Abreise: S 5 vom S-Bahnhof Strausberg-Nord

Streckenlänge: 54 km

Wegqualität: überwiegend asphaltiert, kurze Stücke auf der Straße unbefestigt

Streckenprofil: in Bad Freienwalde und zwischen Kunersdorf und Strausberg leichte Steigungen und Gefälle

Verlauf: Innenstadt von Bad Freienwalde / Bad Freienwalde Kurpark und Skischanzen / Altranft / Rathsdorf / Altgaul / Wriezen / Vevais / Kunersdorf / Möglin / Reichenow / Prädikow / Klosterdorf / Flugplatz Strausberg Nord / S-Bahnhof Strausberg-Nord

Kartenempfehlung: Fahrradkarte Seenland Oder-Spree Nordteil vom Pietruska Verlag

Besichtigung: Innenstadt, Nikolaikirche und Kurpark Bad Freienwalde, Brandenburgisches Freilichtmuseum Altranft, Storchenmuseum Altgaul, Wriezen Innenstadt mit Jüdischem Friedhof und Stadtmuseum, Kunersdorf Friedhof und Musenhof, Bunker Kunersdorf, Thaer-Gedenkstätte und Gut Möglin, Schloss und Park Reichenow, Dorfkirchen Prädikow, Klosterdorf

Einkehrmöglichkeit: Restaurant und Hotel »Strausberg-Nord«

Bademöglichkeit: Straussee

Beschilderung: Radwegbeschilderung (grün/weiß), zusätzlich Tour Brandenburg

Der Beschilderung folgend fahren wir vom Bahnhof aus durch die Innenstadt zum Kurpark. »Freienwalde ist eine Bergstadt, aber nicht minder ist es ein Badeort, eine Fremdenstadt«, sagte Theodor Fontane. Den Rang als Badeort hat es schon ziemlich lange: Die 1683 entdeckte Heilquelle kurierte Militärs des Großen Kurfürsten. Später wurden Moorbäder verabreicht, häufig besucht von wohlhabenden Berliner Juden, weswegen die Nazis den Ort als Judenbad beschimpften. Der jüdische Schriftsteller und Psychoanalytiker Hans Keilson wurde in Freienwalde geboren und wuchs hier auf. »Der Vater saß schwer auf seinem Stuhl hinter der Kasse, seine Hände lagen auf dem grünbezogenen Schreibpult – er saß in seinem Geschäft, das ihm 28 Jahre gehört hatte, bis heute, jetzt war er ein Fremder darin.« So heißt es in einem

Marktplatz Bad Freienwalde

seiner Bücher. 2011 starb er in den Niederlanden, wohin er emigriert war, er wurde unglaubliche 101 Jahre alt.

BAD FREIENWALDE liegt am Rand des Oderbruchs, am Übergang zum Barnimplateau. Daher rührt der für märkische Verhältnisse sehr beträchtliche Höhenunterschied von etwa 150 Metern innerhalb des Stadtgebiets, was ein fast alpines Flair stiftet. Die erste urkundliche Erwähnung stammt von 1316, der Ort war markgräfliches Lehen im Besitz der Adelsfamilie Uchtenhagen. Durch den Fund entsprechender Vorkommen entstanden 1716/18 ein Eisenhammer, ein Alaunwerk und Ziegeleien, 1866 erfolgte der Bahnanschluss.

Ältestes Gotteshaus ist die Nikolaikirche, benannt nach dem Schutzpatron von Schiffern, Fischern und Kaufleuten. Der mittelalterliche Bau wurde im 16. Jahrhundert vollendet, die Decke mit ihrem prächtigen Netzgewölbe erinnert an ein Fischernetz. Es gibt Grabmonumente berühmter Kurgäste, und unter dem Altar liegt die Gruft der Uchtenhagens, deren letzter Spross, Caspar, 1603 im Alter von neun Jahren starb, vermutlich an Gift. Die untröstlichen Eltern stifteten ein Gemälde mit dem letzten Abendmahl Christi, das den Sohn als dreizehnten Jünger zeigt. Theodor Fontane erzählt davon in seinen »Wanderungen«. Das Denkmal des Dichters steht am Eingang des Kurparks. Man findet hier außerdem die Plastik eines weißen Stiers.

Turm und Netzgewölbe der Nikolaikirche, Wandgemälde in der Bad Freienwalder Innenstadt

FUNDSTÜCK: Louis Tuaillon (1862 bis 1919) war ein deutscher Bildhauer. Der Student an der Hochschule für Bildende Künste in Berlin wurde Meisterschüler von Reinhold Begas. Nach Aufenthalten in Wien und Rom nahm er teil an der Großen Berliner Kunstausstellung von 1885 und erhielt viel Beifall für seine »Amazone zu Pferde«. Sie gilt als sein Hauptwerk.

Ab 1902 gehörte er zur Berliner Sezession, wurde 1906 Professor an der Berliner Kunstakademie und erhielt 1912 den Orden Pour Le Mérite für Wissenschaften und Künste.

Tuallion war einer der Wegbereiter der Moderne. Sein weißer Stier aus Carrara-Marmor stand ur-sprünglich in Hirschfelde bei Werneuchen. Der dortige Rittergutsbesitzer Eduard Arnhold, jüdischer Unternehmer und Mäzen, der auch die heute noch bestehende Villa Massimo in Rom stiftete, war ein begeisterter Sammler von Skulpturen. 1907 rief er ein Waisenheim mit Schule für junge Mädchen ins Leben. Eine der Schülerinnen war die spätere Schauspielerin Brigitte Helm. Regisseur Fritz Lang entdeckte sie bei einer Privataufführung von Shakespeares »Sommernachtstraum« auf der Naturbühne Hirschfelde und gab ihr die Doppelrolle Maria/Maschinenmensch in seinem Film »Metropolis«, der sie weltberühmt machte. Arnhold starb 1925. Lang emigrierte 1939

Bronzeplastik Theodor Fontanes, Kurpark Bad Freienwalde, Marmorstier im Kurpark

nach Hollywood. Brigitte Helm emigrierte in die Schweiz.

Eduard Arnholds Park verfiel, seine Skulpturen wurden demontiert und verschleppt. Der weiße Stier Tuaillons aber wurde gerettet und gelangte 1950 nach Bad Freienwalde. Sein bewegtes Schicksal ist ablesbar an der Einschussstelle in einem seiner Augen.

Der Park, seine Villen, auch das schöne Licht erinnern tatsächlich an alpine Kurbäder. Mit der Gebirgsregion hat die Stadt auch dies gemeinsam: Sie ist das nördlichste Skisprungzentrum Deutschlands. Hinter dem Kurpark stehen die Skisprungschanzen am Papengrund. 1923 wurde ein erster Wintersportverein gegründet, der ab 1929 eine Sprungschanze betrieb. Vom Skisportzentrum aus verlassen wir die Stadt in Richtung Südosten.

Altranft gehört seit 1993 zu Bad Freienwalde. Der früh besiedelte Ort war zunächst ein Fischerdorf, später, nach Trockenlegung des Oderbruchs, begann eine ertragreiche Landwirtschaft. 1678 wurde aus dem Altranfter Herrenhaus ein barockes Schloss. Das Gut wechselte häufig den Besitzer, die Grafen von Hacke ließen einen großen Park im englischen Stil anlegen. Während des Ersten Weltkriegs wurde das Anwesen von dem Berliner Viehhändler Heinrich Wertheimer übernommen, der es bald weiterverkaufte an Carl Eschenbach, Inhaber des Gutes bis 1945. Nach Kriegsende folgte im

Skisprungschanzen am Papengrund, Speicherruine in Wriezen, Schloss Altranft

Zuge der Bodenreform die Enteignung. 1952 kam es zur Gründung einer LPG. Das Schloss nahm zunächst Umsiedler auf, später war es Schule, Kinderkrippe, Schulhort, Gaststätte, Kreisbibliothek, Kulturhaus. In den 1970er Jahren entstand das agrarethnographische Freilicht-Museum, dessen Standorte über den ganzen Ort verteilt sind, mit dem Schloss als Zentrum.

Wir fahren weiter in südliche Richtung und halten in Rathsdorf, im Landgasthof »Breiers Kräutergarten«. Altgaul verfügt über ein kleines Storchenmuseum, ein großes Nest dieser Vogelart sitzt, gleichsam als Wahrzeichen, auf einem alten Kalkbrennofen. Wir passieren Pferdekoppeln und sumpfige Wiesen und kommen nach Wriezen. Am Ortseingang sehen wir ein Wildgehege. Es gibt verlassene Industriestandorte: Kalkbrennöfen, einen Hafenspeicher. Die Entwicklung des Ortes wurde nachhaltig beeinflusst durch die Urbarmachung des Oderbruchs.

1940 erhielt Nazi-Staatsbildhauer Arno Breker das im Ortsteil Eichwerder gelegene ehemalige Rittergut Jäckelsbruch von Adolf Hitler als Geschenk. In Wriezen gab es seit 1941 die Steinbildhauerwerkstätten Arno Breker GmbH, ein ausgedehntes Werksgelände mit Bahnanschluss und Kanalhafen. Eingerichtet hatte es Albert Speer, der Generalbauinspektor Berlins, in der Werkstätte wurden Brekersche Riesenplastiken für die Neugestaltung Berlins und für die Bauten auf dem Nürnberger Reichsparteitagsgelände produziert. Kriegsgefangene und Zwangsarbeiter wurden dabei eingesetzt.

Holzplastik Friedrich II., Johanniter-Gymnasium Wriezen, Tonplastik Vevais

Bei Kriegsende war Wriezen fast völlig zerstört. Unbeschädigt blieb, erstaunlich genug, der 1730 angelegte jüdische Begräbnisplatz am Siedlungsweg. Er wird bis heute gepflegt. Samuel Bleichröder, der deutsch-jüdische Bankier und Gründer eines erfolgreichen Geldimperiums, wurde 1779 in Wriezen geboren. Sein Sohn Gerson finanzierte Otto von Bismarck.

Das Evangelische Johanniter-Gymnasium ist eine charakteristische Architektur der 1920er Jahre. Eine moderne Steinskulptur erinnert an den japanischen Arzt und Wissenschaftler Dr. Nobutsugu Koyenuma. 1937 mit einem Stipendium nach Deutschland gekommen, wollte er in Berlin forschen und sich habilitieren, kam während der Kriegswirren nach Wriezen und leitet 1945/46 im örtlichen Krankenhaus eine Typhus-Station. Vielen Flüchtlingen und Einheimischen rettete er das Leben. Er selbst infizierte sich mit der Seuche und starb.

Die Marienkirche am Markt ist eine Ruine. Der Brunnen mit den auffälligen Figuren davor ist eine Arbeit des Bildhauers Horst Engelhardt. Ein Obelisk am Bahnhof erinnert an das Hochwasser von 1997.

Der Name des Dorfes Vevais bei Wriezen lässt an französische Ursprünge denken. Tatsächlich siedelten hier ab 1752 hugenottische Kolonisten, einige stammten aus dem Schweizer Neuchâtel, der Dorfname sollte an Vevey erinnern, die Stadt am Genfer See. Der Siedlungsaktion gewidmet ist eine 2012 aufgestellte Tonplastik der Keramikerin Inge Müller.

Chamisso-Literaturhaus, Erbbegräbnis der Familie von Lestwitz-Itzenplitz, Schloss Reichenow

Kunersdorf. Der Ort wurde berühmt durch eine Schlacht im Siebenjährigen Krieg, die Preußenkönig Friedrich II. spektakulär verlor. Es ist dies nicht das einzige Geschehen, das die Zweihundert-Seelen-Gemeinde bemerkenswert macht. Helene Charlotte von Friedland, eine geborene von Lestwitz, übernahm nach dem Tod ihres Vaters 1788 die Verwaltung des Gutes Kunersdorf und bewies dabei großes Geschick. Sie unterhielt einen Gesprächskreis aus Künstlern, Schriftstellern und Gelehrten, als Mittelpunkt des gesellschaftlichen Lebens in der Region. Ihre Tochter Henriette Charlotte führte ihn weiter, die Gebrüder Humboldt, Albrecht Thaer, Adelbert von Chamisso, Wilhelm Bode und Carl Friedrich Zelter gehörten ihm an. Adelbert von Chamisso schrieb hier seine berühmte Erzählung »Peter Schlemihls wundersame Geschichte«.

1790 wurde nach Plänen von Carl Gotthard Langhans das Erbbegräbnis der Familie von Lestwitz-Itzenplitz errichtet. Johann Gottfried Schadow, Christian Daniel Rauch, Karl Friedrich Schinkel und Hugo Hagen haben Grabmale für die Säulenkolonnade geschaffen. 1945 brannte das Schloss nieder. Der Schlosspark wurde durch Hochwasser stark beschädigt. Der Kunersdorfer Musenhof, eine Schlossdependance, blieb immerhin erhalten und dient heute als Chamisso-Literaturhaus, als Ausstellungs- und Veranstaltungsort, hier sitzen auch die internationale Chamisso-Gesellschaft und der Findling-Verlag.

Landschaft bei Möglin

Ein aufgelassener Bunker erinnert an die Zeit des Kalten Krieges. Man kann ihn bei einer Führung besichtigen.

Wir fahren weiter in Richtung Strausberg. Die Landschaft wird hügelig. Weite Felder erstrecken sich links und rechts des Weges, manchmal flankiert von skurrilen Holzskulpturen: Resultate eines Workshops aus dem Jahre 2012, Thema war der 300. Geburtstag von Preußenkönig Friedrich II. Alles wird verzaubert vom goldenen Licht der Nachmittagssonne.

Ankunft in Möglin. Albrecht Daniel Thaer (1752–1828) arbeitete zunächst als Mediziner in Celle (das seiner bis heute ausführlich gedenkt). Zunehmend interessierte er sich für agrarische Dinge. Er gab den Arztberuf auf, kaufte das Rittergut Möglin und beschäftigte sich fortan ausschließlich mit Landwirtschaft, zumal mit der Ertragssteigerung durch Fruchtfolge. Er wirkte mit an den Preußischen Agrarreformen und gründete 1806 in Möglin die erste akademische Lehranstalt für Landwirtschaft in Deutschland. Seine Grabstelle befindet sich im Mögliner Gutspark. Auch die 2009 eröffnete Gedenkstätte erinnert an ihn.

Langsam neigt sich der Tag. Wir radeln nach Reichenow. Das dortige Schloss mit Gutshof und Park steht am Nordende des Dorfs. Es wurde 1897 bis 1900 erbaut und ist ein Beispiel für die Neogotik der Gründerjahre: imposant, vielgestaltig und etwas verkitscht. Vorbild des Bauherrn August Freiherr von Eckardstein waren britische Landsitze aus der Tudorzeit. Entsprechend gibt es auch hier einen Park mit tiefer gelegenem See. Die hügelige Landschaft um Reichenow ist anmutig. Eigentümerin des Ensembles wurde die Brandenburgische Schlössergesellschaft, die hier ein Hotel nebst Restaurant betreiben lässt. Die Dunkelheit bricht herein. In hastiger Fahrt passieren wir die Dörfer Prädikow, Kähnsdorf und Klosterdorf. In den Waldstücken dazwischen grunzen Wildschweine. Aufatmend erreichen wir den Strausberger Flugplatz. Der Tag endet am Bahnhof Strausberg-Nord. Das Bahnhofsgebäude ist heute ein Hotel und Restaurant, wo wir den Tag beschließen.

ADRESSEN ZUR TOUR

Stadtkirche St. Nikolai
Amtsstraße 4
16259 Bad Freienwalde (Oder)
Infos unter: 03344-3611
Geöffnet 11–17 Uhr, Eintritt frei

Oderbruch Museum
Altranft, Am Anger 27
16259 Bad Freienwalde OT Altranft
d.ruedrich@oderbruchmuseum.de
www.oderbruchmuseum.de
Öffnungszeiten: April bis 6. Dezember
Donnerstag bis Sonntag u. an Feiertagen
11–17 Uhr
Eintritt: Erwachsene 8 Euro, ermäßigt
5 Euro ; Führungen unter: 03344-333911

Storchenturm Rathsdorf/Altgaul
Altgaul 5
16269 Wriezen
Haus-der-Naturpflege.de
Öffnungszeiten: April bis September
täglich außer freitags 10–17 Uhr,
Änderungen vorbehalten
Kontakt: Haus der Naturpflege, Dr. Max-
Kienitz-Weg 2, 16259 Bad Freienwalde,
Telefon 03344-3582

Chamissomuseum im Kunersdorfer Musenhof
Dorfstraße 1, 16269 Bliesdorf/
OT Kunersdorf
info@kunersdorfer-musenhof.de
chamisso-museum@kunersdorfer-
musenhof.de
www.kunersdorfer-musenhof.
Telefon: 033456-151227

Öffnungszeiten: April bis Oktober
Freitag 14–18 Uhr
Samstag, Sonntag 11–18 Uhr
und nach telefonischer Vereinbarung

Fernmeldebunker Kunersdorf
16269 Bliesdorf, Ortsteil Kunersdorf
Waldweg 2
Telefon: 033456-159529
Mobil: 0170-6948150
bunker-knersdorf@web.de
bunker-kunersdorf.de
Eintrittspreise: Erwachsene 10,00 Euro
Senioren, Studenten 8,00 Euro
Schüler 5,00 Euro

Gasthof »Strausberg Nord«
Prötzeler Chaussee 8a
15344 Strausberg
Infos unter 03341-300683 oder
info@gasthof-strausberg-nord.de
www.gasthof-strausberg-nord.de
Öffnungszeiten: täglich täglich ab 11 Uhr

Gedenkstätte Albrecht Daniel Thaer
Hauptstraße 10
15345 Reichenow-Möglin
Telefon: 033456-35164
info@albrecht-daniel-thaer.org
www.albrecht-daniel-thaer.org
Oktober bis März
Dienstag bis Freitag 10–16 Uhr
April bis September
Donnerstag bis Sonntag 11–17 Uhr
Erwachsene 3 Euro, Ermäßigte 2 Euro
Gruppenführung 10 Euro

5 Märkische Höhenluft
Von Strausberg nach Trebnitz

Feldsteinpyramide in Garzau

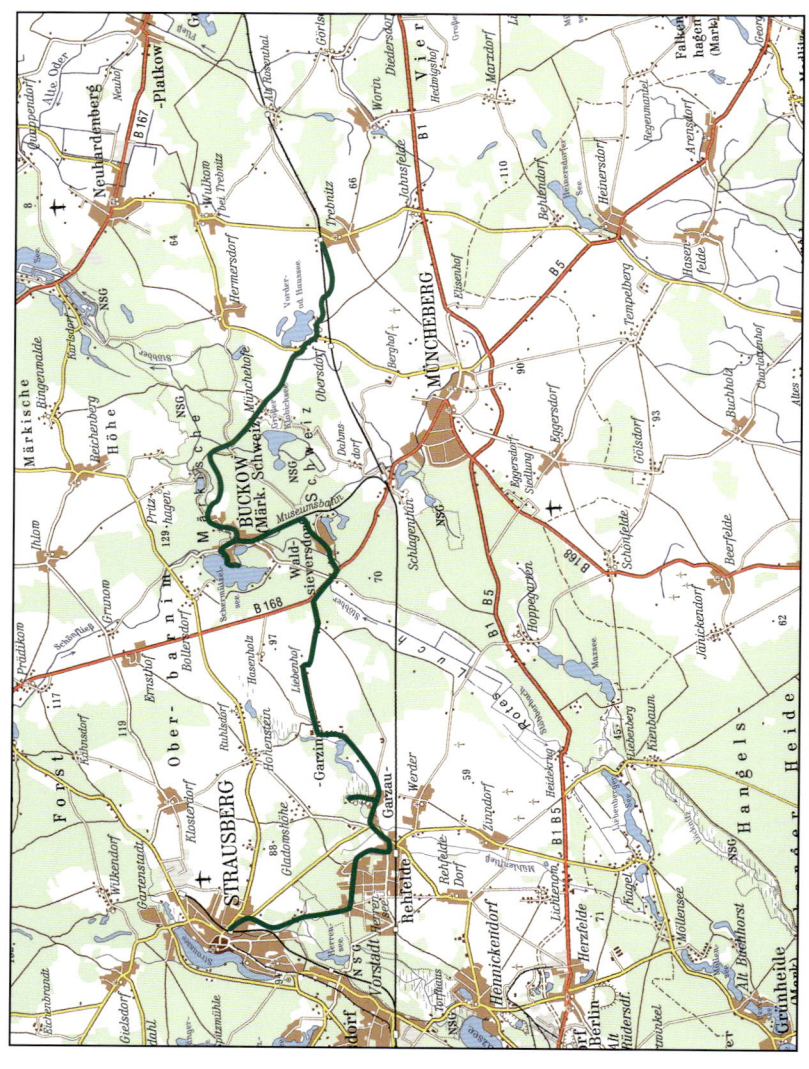

—— Wegverlauf der Tour

Anreise: S 5 nach Strausberg

Start: Bahnhof Strausberg

Ziel: Trebnitz

Abreise: Bahnhof Trebnitz RB 26 stündlich nach Berlin

Streckenlänge: 46 km

Wegqualität: überwiegend asphaltiert, kurze Stücke auf der Straße

Streckenprofil: gesamte Wegstrecke, aber besonders um Buckow Steigungen und Gefälle

Verlauf: Strausberg / Rehfelde / Garzau / Garzin / Bergschäferei / Waldsieversdorf / Buckow / Drei Eichen / Münchehofe / Obersdorf / Trebnitz

Kartenempfehlung: Fahrradkarte Seenland Oder-Spree Nordteil vom Pietruska Verlag

Besichtigung: Strausberg mit Marienkirche, Pyramide Garzau, Kirchen Garzau und Garzin, Waldsieversdorf mit John-Heartfield-Haus, Buckow mit Innenstadt und Heimatstube, Brecht-Weigel-Haus, Schweizerhaus, Schloss Trebnitz

Einkehrmöglichkeit: »Stöbbermühle« in Buckow

Bademöglichkeiten: Langer See, Großer Däbersee, Schermützelsee, Großer Klobichsee, Vorder- oder Haussee

Beschilderung: Radwegbeschilderung (grün/weiß), zusätzlich Radfernweg R1

tart am Bahnhof Strausberg. Die Bahnhofsumgebung wirkt trist, Imbissbuden reihen sich aneinander. Es ist heiß. Auf einem Orientierungsplan suchen und finden wir den Einstieg des Radfernwegs R1. Der Weg führt vom Bahnhof aus parallel zur Straße. An einer gut ausgeschilderten Kreuzung biegen wir bald ab in den R1 Richtung Osten.

STRAUSBERG: Die Stadt wurde um 1240 gegründet. Reste der alten Befestigungsmauer und die Marienkirche sind Zeugnisse aus jener Zeit. Markgraf Otto III. stiftete 1252 ein Dominikanerkloster, das 300 Jahre bestand. Die Pest wütete in der Stadt, 1432 stürmten sie die Hussiten.

Im Dreißigjährigen Krieg machte mehrmals Wallenstein Station, es herrschten Zerstörung und Elend.

1714 begann mit der Stationierung einer Infanterie-Kompanie die bis heute andauernde militärische Karriere der Stadt.

Schloss Garzau

1935 begann das Märkische Walzwerk mit der Herstellung von Munition. Im Jahr darauf entstanden ein Militärflugplatz und eine Luftwaffenkaserne. 1938 wurden die Synagoge und der jüdische Friedhof verwüstet. Ab 1940 arbeiteten im Walzwerk Zwangsarbeiter aus ganz Europa, die Aufsicht unterstand einem Außenkommando des KZ Sachsenhausen.

1948 wurde die Berliner S-Bahnstrecke bis zum Bahnhof Strausberg verlängert, 1955 erfolgte der Anschluss nach Strausberg Nord. Ein Jahr zuvor war der Hauptstab der Kasernierten Volkspolizei in eine ehemalige Wehrmachtskaserne gezogen, 1956 erfolgte die formelle Umwandlung der Kasernierten Volkspolizei in die Nationale Volksarmee der DDR, das zuständige Ministerium und das Kommando der Luftstreitkräfte zogen nach Strausberg. Mit der deutschen Wiedervereinigung 1990 wurde das DDR-Militär aufgelöst, es begann die Stationierung von Einheiten der Bundeswehr, die 1994 ihre Akademie für Information und Kommunikation hierher verlegte. Andere militärische Einrichtungen folgten.

Hinter Strausberg, am Rand von Rehfelde, weist eine rote Beschilderung auf Garzau hin. Der Ort ist ein Angerdorf und gehörte einst den Zisterziensern vom Kloster Zinna. Das Herrenhaus wurde 1911 bei einem Brand vernichtet und wiederaufgebaut als Schloss in neoklassizistischem Stil. Der zugehörige Park ist heute verwildert, der Weg dorthin führt vorbei an einer alten Bren-

Pyramide Garzau, Turm der Kirche in Garin, Badestelle am Langen See in Garzin

nerei und geht weiter bis zu einem höchst sonderbaren Konstrukt: einer aus Feldsteinen errichteten Pyramide. Im Stile des um 1780 einsetzenden Ägypten-Enthusiasmus war sie gedacht als Grabmal, als solches genutzt wurde sie nicht.

FUNDSTÜCK: Gut Garzau gehörte ab 1779 dem damals 36-jährigen Grafen Friedrich Wilhelm Carl von Schmettau. Er war hoher Militär, Topograf und Kartograf. Er ließ einen Landschaftspark nach englischem Vorbild anlegen und 1784 auf einem weinbepflanzten Hügel die Pyramide. Über außenliegende Rampen kann sie begangen werden, gekrönt wird sie von einem Aussichtspavillon. Das Sandsteinportal entwarf Carl Gotthard Langhans.

Eigentlich wollte Schmettau nach seinem Tode hier beigesetzt werden, doch 1804 entschloss er sich, Garzau zu veräußern. Dafür erwarb er Schloss Köpenick, wo er fortan wohnte. 1806 nahm er teil an der Schlacht von Jena und Auerstedt, die Napoleon gewann, Schmettau wurde schwer verwundet. Er floh nach Weimar, wo ihm die Goethe-Freundin Charlotte von Stein Unterschlupf gewährte und wo er seinen Verletzungen erlag. Seine letzte Ruhe fand Friedrich Wilhelm Carl von Schmettau auf dem Jacobsfriedhof in Weimar. Dort liegen auch Lucas Cranach

Freibad am Großen Däbersee in Waldsieversdorf

der Ältere, Goethes Frau Christiane und Friedrich Schiller begraben.

Das Sandsteinportal seiner Pyramide in Garzau aber wurde 1815 ausgebaut und als Seitenportal in die Strausberger Stadtpfarrkirche St. Marien eingefügt. Die Pyramide selbst verfiel. Nach fast zwei Jahrhunderten nahm ein Förderverein sich ihrer an, ließ sie freilegen und zwischen 2001 und 2010 wieder aufbauen. Das Sandsteinportal von Langhans wurde kopiert, die Replik ist Teil der Pyramide.

Die alte Kirche von Garzau ist ein mächtiger Feldsteinbau aus dem 13. Jahrhundert. Außerdem gibt es einen Atombunker des Ministeriums für Nationale Verteidigung der DDR, von 1972 bis 1975 angelegt, ein schauriges Monument des Kalten Krieges. Man kann es besichtigen.

Das folgende Dorf heißt Garzin. Es bietet Bademöglichkeit im Langen See. Einst stand hier eine slawische Wallanlage. Die Feldsteinkirche mit dem breiten Turm stammt aus dem 13. Jahrhundert.

Weiter nach Waldsieversdorf. Die alte Siedlung war lange Zeit eine Wüstung, erst der reiche Gründerzeitfabrikant Ferdinand Kindermann investierte hier. Es entstanden eine Villenkolonie, eine Schule und ein Sanatorium, Waldsieversdorf wurde zum Kurort und erhielt einen Anschluss an die Eisenbahn.

Innenstadt Buckows, Kirche von Buckow, Blick auf den Schermützelsee

Wir befinden uns in der Märkischen Schweiz. Die Angewohnheit, einer bergigen Landschaft Ähnlichkeit mit der Eidgenossenschaft nachzusagen, geht zurück auf die Frühzeit des Tourismus. Die Schweiz war damals schon ein Urlaubsland. Der Vergleich mit ihr sollte deutschen Regionen zahlende Gäste bescheren, was manchmal glückte, manchmal nicht. Wenn die Sächsische Schweiz mit ihrem Elbsandsteingebirge eine Parallele zu den Alpen eben noch zulässt, wird bei der Gegend um Waldsieversdorf mit dem 129 Meter hohen Krugberg als höchster Erhebung der Beiname einigermaßen bizarr. Wie auch immer, der Name hielt sich, die Region kam in Mode, zumal bei Berliner Intellektuellen und Künstlern. John Heartfield, bekannt geworden durch seine politischen Fotomontagen, bewohnte von 1957 bis zu seinem Tode 1968 in Waldsieversdorf ein Sommerhaus. 2008 wurde es von der Gemeinde erworben, rekonstruiert und ist nun Museum. Heartfield kam auf Empfehlung von Bertolt Brecht hierher. Der mochte die Gegend und besaß seinerseits hier ein Sommerhaus im benachbarten Buckow.

BUCKOW: Das reizende Städtchen liegt in einer Erweiterung des Stobbertals, das die Barnimplatte von der Lebuser Platte trennt. Die Seen und Einbrüche sind Ergebnis der Weichseleiszeit. Ursprünglich Slawensiedlung, nahmen die Zisterzienser davon Besitz; nach Zerstörung durch die Hussiten kam neuer Wohlstand durch den Hopfenanbau, und es entstanden die bis

Brecht-Weigel-Haus

heute erhaltenen Ackerbürgerhäuser. Dann wurde Georg Adam von Pfuhl, königlich-preußischer General der Kavallerie und Gouverneur der Zitadelle Spandau, Besitzer von Buckow. Sein Schwiegersohn Feldmarschall Heino Heinrich von Flemming ließ ein Schloss im Barockstil errichten. Es wurde umgebaut nach Plänen Schinkels und blieb bis 1945 Besitz der Flemmings. 1948 hat man es abgerissen.

Neue Einnahmequelle Buckows wurde im 19. Jahrhundert der Fremdenverkehr. Durch den Anschluss an die Eisenbahn kamen Ausflügler aus Berlin, Vermögende ließen sich Villen bauen.

Heute ist Buckow Kneippkurbad, es gibt ein kleines Theater, eine Heimatstube und das Naturparkzentrum »Schweizer Haus«. Das Restaurant »Stöbbermühle« steht nahe einem alten Wasserrad und hat eine sehr gute Küche.

Das Ehepaar Bertolt Brecht und Helene Weigel bewohnte sein Buckower Sommerhaus am Schermützelsee ab dem Jahre 1952. Seit 1977 ist es Museum und damit zugänglich für Besucher. Der zugehörige Garten hat eine fast südländische Anmutung. Ein Holzsteg führt durch den Schilfgürtel direkt zum See und in einer Baracke am Ufer lagern unter anderem Requisiten von Brechts Inszenierung seines Stückes »Mutter Courage und ihre Kinder«, deren Hauptrolle die Weigel spielte. In dem Haus mit dem großen Fenster zum

Requisiten aus »Mutter Courage und ihre Kinder«, Garten des Brecht-Weigel-Hauses

Wasser hin saß der Dichter über seinen Texten, plante seine Inszenierungen, empfing seine Mitarbeiter, seine Geliebten und schrieb seinen letzten großen Gedichtzyklus, die »Buckower Elegien«.

> Das kleine Haus unter Bäumen am See.
> Vom Dach steigt Rauch.
> Fehlte er
> Wie trostlos dann wären
> Haus, Bäume und See.

Wehmütige Verse. Der Gestus dieser insgesamt 23 meist kurzen Gedichte ist Skepsis und Melancholie. Wir werfen einen letzten Blick auf den schimmernden Schermützelsee und machen uns auf den Weg. Es geht steil bergan durch Wald, vorbei an einem alten Betriebsferienlager, es geht durch die Dörfer Drei Eichen, Münchehofe und Obersdorf. Neben großen Feldern immer wieder Weideflächen mit Kühen, Kälbchen und Ziegen. Wiesenblumen blühen. Der Radweg geht entlang an Obstbaum-Alleen.

Trebnitz, urkundlich erstmals 1224 erwähnt, gehörte einst zum Lebuser Land und zum Machtbereich der schlesischen Fürsten. Seinen größten wirtschaftlichen Aufschwung erfuhr der Ort mit dem Bau der Ostbahn im Jahre 1867 und dem einsetzenden Kohleabbau. Trebnitz wurde Mittelpunkt des

Gedenkstein in Obersdorf, Landschaft bei Münchehofe, Schloss Trebnitz

Personen- und Frachtverkehrs. Die nahe gelegene Kalkbrennerei verarbeitete Rohkalk, der Kalkofen steht noch, jetzt nisten Störche auf ihm. Das Gutshaus wurde um 1900 umgebaut zu einem neobarocken Schloss; nach dem letzten Krieg enteignet, war es Lazarett, Wohngebäude, Schule, Ferienlager und ist heute ein Bildungs- und Begegnungszentrum für Austauschprojekte mit Osteuropa. Die zugehörige Parkanlage ließ der Rittmeister Georg Friedrich von Ziethen anlegen, einer von zahlreichen Vertretern dieser Adelsfamilie; ab 1707 war er Besitzer von Trebnitz. Sein Freund, der Botaniker Dr. Gleditzsch, pflanzte eine Reihe exotischer Gewächse. Nach einem Gang durch den Park radeln wir zum örtlichen Bahnhof, von wo aus wir nach Berlin zurückkehren.

ADRESSEN ZUR TOUR

Atom-Bunker Garzau
Gladowshöher Straße 3
15345 Garzau-Garzin
Telefon: 0173-6192712
info@bunker-garzau.de
www.bunker-garzau.de
Führungen jeden ersten Samstag im Monat ab 11:15 Uhr nach Anmeldungen, ab 10 Personen individuelle Termine
Eintritt 12,50 Euro pro Person

Die Pyramide im ehemaligen Landschaftsgarten Garzau
Schlosspark
15345 Garzau-Garzin
Die Pyramide befindet sich hinter dem alten Gutshof in Garzau, im ehemaligen Park des Schlosses.
Infos unter: 033439-7179
außerdem unter:
www.pyramide.garzau.de

John-Heartfield-Haus
Schwarzer Weg 12
15377 Waldsieversdorf
Telefon 0160-90985132
freundeskreis@heartfield.de
www.heartfield.de
Öffnungszeiten:
Mai bis September
Samstag und Sonntag 13–17 Uhr
und nach Vereinbarung
Eintritt frei, Spenden erwünscht

Heimatmuseum Waldsieversdorf
im WaldKAuTZ
Wilhelm-Pieck-Straße 23
15377 Waldsieversdorf
Telefon: 033433-150034
touristinfo@waldsieversdorf.info
Öffnungszeiten:
Mittwoch bis Freitag 10–15 Uhr
oder auf Anfragen
Eintritt 1,00 Euro

Brecht-Weigel-Haus Buckow
Bertolt-Brecht-Straße 30
15377 Buckow
Telefon 033433-467
villa@brechtweigelhaus.de
www.brechtweigelhaus.de
Öffnungszeiten: April bis Oktober
Mittwoch bis Freitag 13–17 Uhr
Samstag, Sonntag u. Feiertag
13–18 Uhr
November bis März
Mittwoch bis Freitag 10–12,
13–16 Uhr
Samstag, Sonntag 11–16 Uhr
Eintritt: Erwachsene 4,00 Euro,
ermäßigt 3,00 Euro
mit Einführungsvortrag ab 8 Personen
10 Min. oder 45 Min.
Erwachsene 5,00 Euro/ 8,00 Euro
ermäßigt 4,00 Euro/ 6,00 Euro
Schulklassen 3,00 EUR/4,00 EUR

Naturpark Märkische Schweiz
Besucherzentrum Schweizer Haus
Lindenstraße 33
5377 Buckow

Telefon: 033433-15841
www.maerkische-schweiz-naturpark.de
Öffnungszeiten: täglich von 10–16 Uhr,
Eintritt frei

Schiffsrundfahrten auf dem Schermützelsee
April bis Oktober ab dem Strandbad
Buckow, Wriezener Straße
MS »Seeperle« (102 Plätze)
Samstag und Sonntag 10 Uhr, 12:30 Uhr,
14 Uhr, 15:30 Uhr und 17 Uhr
MS »Scherri« (73 Plätze)
Montag bis Freitag von 10–17 Uhr
stündlich, Samstag, Sonntag 10 Uhr,
11:30 Uhr, 13 Uhr, 14:30 Uhr, 16 Uhr und
17:30 Uhr
MS »Seeadler« (17 Plätze)
Fahrten nur nach Vereinbarung
Preise : Erwachsene 8 Euro, Kinder bis
12 Jahre 4 Euro
Sonderfahrten über SEETOURS
Märkische Schweiz
Wolfgang Katerbau
Bertolt-Brecht-Str. 11
15377 Buckow
Telefon: 033433-232
www.seetoursms.de

Restaurant »Stobbermühle« Buckow
Wriezener Straße 2
15377 Buckow
Telefon: 033433-66833
mail@stobbermuehle.de
www.stobbermuehle.de
Öffnungszeiten:
Montag bis Samstag 12–22 Uhr
Sonntag 12–21 Uhr

Schloß Trebnitz
Bildungs- und Begegnungszentrum e. V.
Platz der Jugend 6
15374 Müncheberg / OT Trebnitz
Telefon 033477-519-0
buero@schloss-trebnitz.de
www.schloss-trebnitz.de

6 Brandenburg für Cineasten

Von Rahnsdorf nach Rahnsdorf

Blick auf das Mühlenfließ

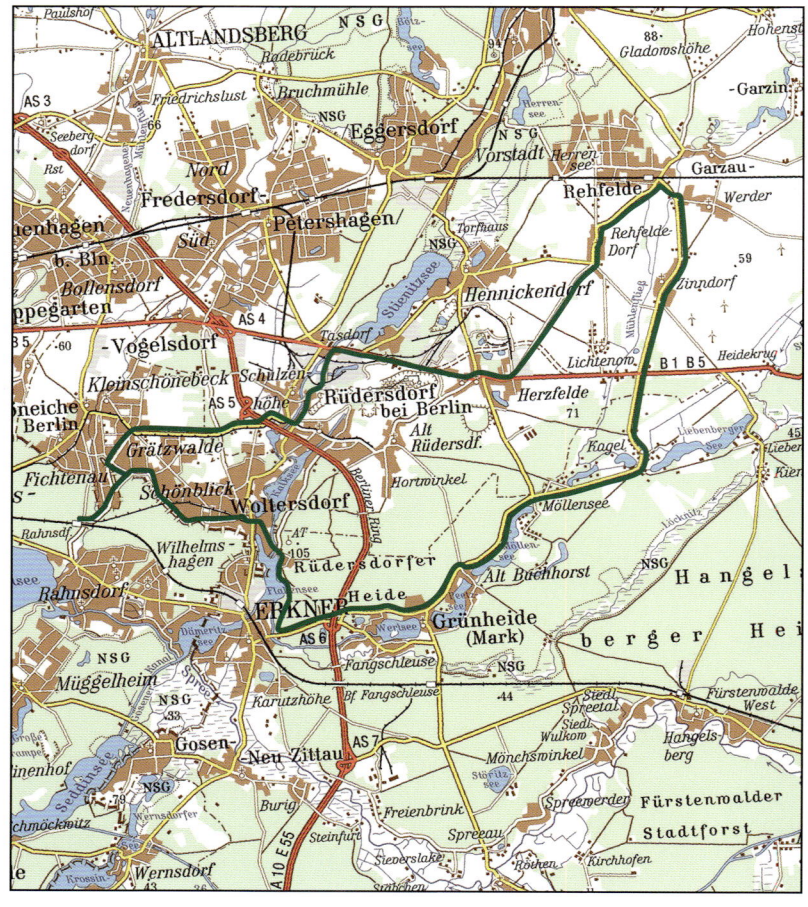

—— Wegverlauf der Tour

TOUR KOMPAKT

Anreise: S 3 nach Rahnsdorf

Start: Rahnsdorf

Ziel: Rahnsdorf

Abreise: S 3 von Rahnsdorf

Streckenlänge: 55 km

Wegqualität: meist asphaltiert, unbefestigter Weg am Flakensee und zwischen Herzfelde und Rüdersdorf

Streckenprofil: am Flakensee und um Rüdersdorf etwas Steigungen und Gefälle

Verlauf: Rahnsdorf / Woltersdorf / Erkner / Grünheide / Alt Buchhorst / Kagel / Lichtenow / Zinndorf / Rehfelde / Herzfelde / Rüdersdorf / Schöneiche / Rahnsdorf

Kartenempfehlung: Fahrradkarte Seenland Oder-Spree Nordteil vom Pietruska Verlag

Besichtigung: Woltersdorf mit Aussichtsturm und Fidus-Villa, Erkner mit Gerhart-Hauptmann-Museum, Museumspark Rüdersdorf

Einkehrmöglichkeit: Café »Bechstein« Erkner

Bademöglichkeiten: Flakensee, Werlsee, Peetzsee, Möllensee, Elsensee, Kalksee (gute Bademöglichkeiten direkt am Weg)

Beschilderung: Radwegbeschilderung (grün/weiß), zusätzlich Radfernweg R1 bis Rehfelde, zusätzlich regional ausgeschilderter Radweg ab Rehfelde nach Rüdersdorf

Brandenburg ist überreich an Sand und Seen. Die heutige Tour verbindet, dank warmer Witterung, drei angenehme Tätigkeiten: Radfahren, Schwimmen, Sonnenbaden.

Fahrt mit der S-Bahnlinie 3 bis Rahnsdorf. Die Tour führt vom Bahnhof über den Schöneicher Ortsteil Fichtenau nach Woltersdorf. Dies, ein um 1240 entstandenes märkisches Angerdorf, liegt zwischen Flakensee, Kalksee und Bauernsee. Ursprünglich war es eine Siedlung von Schiffern und Bauern und wurde Ende des 19. Jahrhunderts, als der Nachbarort Erkner eine Bahnstation erhielt, für Berliner erreichbar. Manche von ihnen legten sich hier Ferienhäuser zu.

Seit 1886 steht auf dem Kranichsberg ein Turm. Der Blick aus einer Höhe von 105 Metern geht bei klarem Wetter bis zum Berliner Fernsehturm. Im Inneren des Turms erzählt eine Ausstellung die Filmgeschichte des Ortes, sie trägt den etwas pompösen Titel »Als Woltersdorf noch Hollywood war«.

Uferpromenade am Flakensee

Was ist gemeint? Joseph Mandel (auch Julius Otto Mandl) wurde 1880 in Wien geboren. Nach verschiedenen Gelegenheitsjobs kam er zum Film und begann 1914 als Joe May (den Nachnamen hatte er von seiner Frau übernommen) bei der Berliner Continental-Film mit der Produktion einer eigenen Kinoserie. Er war erfolgreich. Bald gründete er seine eigene Herstellungsgesellschaft, die Joe May-Film. 1918 ließ er die »Filmstadt« in Woltersdorf bauen.

Er drehte dort Abenteuer- und Historienfilme wie »Veritas vincit« (1918) und das achtteilige Werk »Die Herrin der Welt«. Berühmt wurde sein Zweiteiler »Das indische Grabmal« mit dem Schauspieler Conrad Veidt; der Stoff ist später noch zweimal verfilmt worden. Das Drehbuch der Erstfassung schrieben Fritz Lang und dessen damalige Ehefrau Thea von Harbou. Lang sollte und wollte eigentlich auch Regie führen, was May verhinderte: Er wollte selber inszenieren.

1933 emigrierte er nach Hollywood. An seine früheren Erfolge konnte er nicht anknüpfen – im Gegensatz zu dem neun Jahre nach ihm emigrierten Fritz Lang. Thea von Harbou, rechtzeitig geschieden, machte derweil im Nazi-Filmgeschäft Karriere. 1954 ist sie in Berlin gestorben, im gleichen Jahr wie Joe May. Reste der Filmkulissen in Woltersdorf lassen sich heute noch finden, in der Nähe des Kalksees.

1913 nahm die Straßenbahnlinie zwischen dem S-Bahnhof Rahnsdorf und der Woltersdorfer Schleuse ihren Betrieb auf. Die Schleuse verbindet

Schleuse Woltersdorf, Radweg bei Erkner, Wartehäuschen der Woltersdorfer Straßenbahn

den Flakensee mit dem Kalksee und besteht schon seit 1550. Nach ihrer Sanierung 1998 fasst sie mit nun 65,36 Metern Länge und 8,60 Metern Breite auch große Lastkähne. Besonders in den Sommermonaten herrscht reger Verkehr von Sport- und Touristenbooten.

Eine der Villenkolonien des Ortes trägt den Namen Schönblick. Hier, auf der Köpenicker Straße, steht ein sorgfältig saniertes Haus, im Dach ist ein Atelierfenster zu erkennen. Das Anwesen gehörte einst dem Bildkünstler Fidus.

FUNDSTÜCK: Eigentlich hieß Fidus Hugo Reinhold Karl Johann Höppener und wurde 1868 als Sohn eines Marzipan-Konditors in Lübeck geboren. Seine Eltern schickten ihn nach München, wo er die Vorschule der Akademie besuchte, allerdings nur drei Monate lang. Dann schloss er sich dem Maler und Naturapostel Karl Wilhelm Diefenbach in Höllriegelskreuth an, der ihn stilistisch prägte und ihm den Künstlernamen »Fidus« (Der Getreue) gab. Höppener-Fidus hing fortan lebensreformerischen Ideen an wie Vegetarismus, Lichtgläubigkeit, Freikörperkultur und naturgemäßer Lebensweise.

1889 kehrte er nach München zurück, um weiter zu studieren. Dabei traf er den Theosophen Wilhelm Hübbe-Schleiden, der ihm Ide-

Fidus-Villa in Woltersdorf

en für eine Sexualreform und eine mystische Naturreligion eingab. Die esoterischen Bildnisse, die Fidus schuf, widmeten sich Themen wie dem Kreislauf des Lebens, der Verschmelzung der Geschlechter, der Erlösung durch das Licht. Zugehörige Symbole waren Lotosblüten, Eiformen, Kreuze und Sonnenzeichen.

Dann ließ er sich in Berlin nieder. Er nahm sich ein Atelier und verkehrte im Friedrichshagener Dichterkreis. Er zeichnete für Bücher und Zeitschriften, entwarf Plakate, beschäftigte sich mit Design und Mode. Außerdem unternahm er Reisen nach Norwegen, Italien und in die Schweiz – dort in die Reformkolonie Amden am Walensee und zum Monte Verità bei Ascona.

Sein berühmtestes Bild heißt »Lichtgebet«, erstmals 1908 gefertigt und dann mehrfach wiederholt. Ein schmaler androgyner Jüngling steht auf einem Berggipfel und hält die Arme gespreizt in Form einer Lebensrune. Derart betet er die Sonne an. Das Bild verkaufte sich gut, es wurde zu einer Ikone der Jugendbewegung. Um 1900 war Fidus einer der bekanntesten deutschen Maler und der andere prominente Vertreter des Jugendstils im Land neben Heinrich Vogeler.

Um 1910 ließ sich Fidus nach eigenen Entwürfen in Woltersdorf ein Wohn- und Atelierhaus bauen, auf einem Grundstück am Hang. Um sich versammelte er eine Gemeinde vorwiegend aus schwärmerischen Frauen. Er betrieb einen eigenen Verlag nebst Versand.

Während des Ersten Weltkriegs wandte er sich völkischen Ideen zu. 1932 trat er Hitlers NSDAP bei. Doch bei den neuen Machthabern stieß er vielfach auf Widerstand, man warf ihm vor, die nordische Kunst zu verkitschen. 1937 wurden seine Mappen beschlagnahmt und weitere Drucke seiner Arbeiten verboten. Dies bescherte ihm den Ruch des Antifaschismus, und so konnte er nach 1945 im Auftrag der sowjetischen Besatzungsmacht Bilder von Stalin und Lenin malen und, im Auftrag der SED, von Rudolf Breitscheid. Er trat der freireligiösen Gemeinde in Berlin bei und starb 1948 an einem Schlaganfall. Begraben liegt er auf dem Woltersdorfer Friedhof.

Sein Wohnhaus war lange verwahrlost. Dann wurde es mit öffentlichen Geldern restauriert und harrt nun seiner Eröffnung als ein Museum, das außer Arbeiten von Fidus noch andere Zeugnisse der Lebensreformbewegung um 1900 aufnehmen soll.

Ein Imbiss nahe der Schleuse bietet einen Fidus-Burger an. Ganz im Sinne des Namensgebers ist der Brätling zwischen den Brötchenhälften nicht fleischern, sondern vegetarisch.

An der Uferpromenade des Flakensees herrscht buntes Wochenendvergnügen. Ruderboote durchpflügen das Wasser. Enten quaken. Kinder tollen umher, Spaziergänger schlecken Eis. Der Weg, immer am Ufer entlang, führt nach Erkner.

Diese ehemalige Siedlung von Fischern und Schiffern erhielt im 18. Jahrhundert eine Poststation. Erkner lag günstig an Wasserwegen zwischen Oder, Spree, Havel und Elbe. Transporte von Kalk, Kohle und anderen Rohstoffen zwischen Rüdersdorf/Kalkberge und Berlin fanden statt wie auch Fahrten zwischen den sich rasant entwickelnden schlesischen Industriegebieten und der Hauptstadt Berlin. Mitte des 19. Jahrhunderts erhielt Erkner Anschluss an die Eisenbahn.

1860 gründete der schlesische Fabrikant Julius Rütgers hier eine große Teerdestillation. 1909 begann er in Zusammenarbeit mit dem belgisch-amerikanischen Chemiker Leo Baekeland die weltweit erste industrielle Produktion eines Kunststoffs, der nach seinem Erfinder Bakelit hieß. Die Abgase der Fabrik belasteten die Luft. Dessen ungeachtet (oder eben deshalb) empfahl sich Erkner als Luftkurort, was unter anderem den lungenkranken Gerhart Hauptmann dazu brachte, sich hier niederzulassen.

Villa Lassen in Erkner

Im Zweiten Weltkrieg produzierte Erkner Rüstungsgüter. Ein Bombardement der Alliierten zerstörte die Innenstadt fast völlig. Die DDR ließ neue Industrieanlagen entstehen, »VEB Plaste, Kunstharz- und Preßmassenfabrik«, »VEB Teerdestillation und Chemische Fabrik«. Die Verschmutzung der Luft und des Grundwassers war enorm, der Flakensee wurde zur Teerkloake. 1995 endete das, die Fabriken wurden abgerissen.

Im Ortszentrum Erkners steht die Villa Lassen, Gerhart Hauptmanns einstiger Wohnsitz. Der spätere Nobelpreisträger wohnte hier von 1885 bis 1889, gemeinsam mit seiner Frau Marie; einem damals verbreiteten Irrglauben folgend meinte er, Teerluft sei gut für die Lunge. Seine drei Söhne wurden hier geboren. Der gescheiterte Bildhauer begann seine Laufbahn als Schriftsteller.

Später schrieb er: »Ich habe vier Jahre in Erkner gewohnt, und zwar für mich grundlegende Jahre. Mit der märkischen Landschaft aufs innigste verbunden, schrieb ich dort ›Fasching‹, ›Bahnwärter Thiel‹ und mein erstes Drama ›Vor Sonnenaufgang‹. Die vier Jahre sind sozusagen die vier Ecksteine für mein Werk geworden.«

Mehrere Werke Hauptmanns spielen in Erkner oder Umgebung. Manche Einwohner hat er in seinen Arbeiten porträtiert, das gilt zumal für Figuren des »Biberpelz«. Die vormalige Villa Lassen wurde 1987 Museum, heute ist sie Teil des Museumsverbundes Gerhart Hauptmann.

Badende im Peetzsee bei Grünheide, Straußenfarm bei Kagel, Ziegeleiofen bei Lichtenow

Wir machen Rast im Restaurant »Bechstein«, ehe wir nach Grünheide weiterfahren. Neben dem Weg reihen sich Priestersee, Werlsee, Peetzsee, Möllensee, Baberowsee und Liebenberger See aneinander, parallel dazu fließt das dreißig Kilometer lange Flüsschen Löcknitz. Es gibt vorzügliche Bademöglichkeiten. Natürliche Uferstrukturen sind erhalten geblieben, das Löcknitztal ist Naturschutzgebiet.

Grünheides prominentester Bewohner war der Expressionist Georg Kaiser, zwischen 1921 und 1933 meistgespielter Dramatiker in Deutschland. Er zog 1921 hierher und blieb bis 1938. Lotte Lenya war für kurze Zeit bei ihm Au-Pair-Mädchen und lernte ihren späteren Mann, den Komponisten Kurt Weill, kennen, als sie ihn vom Bahnhof abholte und zu Kaiser nach Grünheide brachte. Die wichtigste Zusammenarbeit der beiden Männer galt dem Stück »Der Silbersee«, das Weill vertonte. Die Uraufführung fand 1933 statt, das Stück wurde alsbald von den Nazis verboten. Mit dem titelführenden Gewässer ist der Peetzsee gemeint, an dem Kaisers Haus lag.

Der Verleger Ernst Rowohlt lebte bis 1945 in Grünheide, gelegentlich besucht von seinem Autor Hans Fallada.

Robert Havemann, Chemiker, Kommunist, Widerstandskämpfer und Häftling in der Hitler-Zeit, später prominenter Kritiker des DDR-Regimes, lebte zuletzt in Grünheide. Nach der Ausbürgerung seines Freundes Wolf Biermann stand er von 1976 bis zu seinem Tod 1982 unter Hausarrest, die

Kirche in Herzfelde, Kirche Zinndorf, Radweg bei Herzfelde

Staatssicherheit überwachte ihn ständig. Auf dem Friedhof von Grünheide liegt er begraben.

Wir fahren über Alt Buchhorst und Kagel nach Lichtenow. Am Wegrand treffen wir in Lichtenow auf einen Ziegeleiofen. Ab 1910 brannte man hier etwa fünfzig Jahre lang Backsteine, eine Kleinbahn transportierte sie zum Bahnhof Herzfelde. Liebevoll restaurierte Waggons werden auf einem Gleisstück gezeigt.

In Zinndorf, einem Angerdorf, steht Sankt Annen, eine Feldsteinkirche aus dem 13. Jahrhundert. Das Innere schmücken ein Altaraufsatz von 1606 mit reich gestaltetem Renaissanceaufbau und, im oberen Teil des Sakramentshauses, eine Anna selbdritt aus dem 16. Jahrhundert. Derlei Objekte sind in Brandenburg selten.

Zinndorf wurde erstmals 1375 erwähnt als Cynnendorf – Dorf des Zisterzienserklosters Zinna. Seit 1254 betrieb der Orden in Rüdersdorf Kalksteinabbau. Im Mittelalter unterhielt Zinndorf in Kagel und Kienbaum Filialkirchen. Das Zinndorfer Gotteshaus hat seine lange Existenz unzerstört überdauert.

Auf dem Weg nach Rüdersdorf durchqueren wir Rehfelde und gelangen auf einer Feldpiste nach Herzfelde. In beiden Ortskernen stehen nicht sonderlich gut erhaltene Feldsteinkirchen. Links und rechts des Wegs blüht Futterklee. Windräder drehen sich. Dann nahen die Industriebauten

Tagebau Rüdersdorf

von Rüdersdorf. Weißer Kalkstaub hängt in der Luft und legt sich auf die Schutzbleche der Fahrräder.

Rüdersdorf entstand als Gründung der Zisterzienser 1235 bis 1250, ähnlich wie weitere zehn Dörfer der Umgebung. Der vom Orden begründete Abbau im größten Kalksteinvorkommen Norddeutschlands florierte, er lieferte Baumaterial an die Umgebung, zum Beispiel für den Bau des Dominikanerklosters in Strausberg. Nach der Säkularisierung gelangte Rüdersdorf in den Besitz des Kurfürsten Joachim II. von Brandenburg und erhielt ein Jagdschloss. Im Dreißigjährigen Krieg brannte das Dorf nieder. Mit dem Wiederaufbau entstanden Kalkbrechersiedlungen. Rüdersdorfs Steinbrüche lieferten große Mengen Material für den Ausbau Berlins und Cöllns zur Festungsstadt. Um den Bergbau zu fördern, ließ König Friedrich II. Kolonistenhäuser für Bergarbeiter errichten, außerdem eine Siedlung für invalide Soldaten.

Im 19. Jahrhundert erfolgte der Anschluss an die Eisenbahn. Die Dampfschifffahrt verband Rüdersdorf mit Erkner. Der Tourismus setzte ein. 1887 verbrachte Theodor Fontane seinen Urlaub im Seebad Rüdersdorf am Kalksee, worüber er auch schrieb, er lobte die Gegend als das »Thüringen Berlins«.

Der Stummfilm entdeckte Kalkberge-Rüdersdorf im Jahre 1908. Prominente Regisseure und Schauspieler wie Harry Piel, Ernst Lubitsch, Harry Liedtke, Pola Negri, Lil Dagover, Henny Porten, Hans Albers und Emil Jan-

Kirche in Rüdersdorf, Brücke am Kalkgraben in Rüdersdorf, Lore vor dem Museumspark Rüdersdorf

nings drehten hier. Dass Joe May im benachbarten Woltersdorf seine Filmstadt anlegen ließ, war kein Zufall.

1931 entstand die Großgemeinde Kalkberge. Ab 1934 begann der Auto-
bahnbau, 1937 wurde mit Viadukten am Talübergang Rüdersdorf der Ostring
eröffnet. Während des Krieges arbeiteten Zwangsarbeiter und Kriegsgefangene in den Steinbrüchen, die nun Eigentum der Preussag waren, oder sie
wurden im Zementwerk eingesetzt. Nach 1945 unterhielt die Rote Armee ein
Gefangenenlager mit etwa 30.000 Insassen.

In der Folge wurde das Zementwerk Rüdersdorf zum größten Baustoff-
betrieb in der DDR. Neue Siedlungen entstanden, eine Erweiterte Ober-
schule, ein Kreiskrankenhaus, ein Kulturhaus. Der Tagebau fraß sich in den
Ort, alte Quartiere ließ man auf, um die darunter liegenden Kalksteine ab-
zubauen. Die Umweltbelastung durch Staub und Abgase war außerordentlich.

Nach 1989/90 änderte sich dies. Die alten Fabrikanlagen wurden abgerissen oder modernisiert, die Emissionen gingen zurück. Das Krankenhaus erhielt einen Neubau, eine Reha-Klinik entstand. Ein ausgedehnter Museumspark dokumentiert die lange Industriegeschichte des Ortes, er informiert
über Geologie, Mineralogie, Fossilienkunde und über die Geschichte des
Kalksteinabbaus. Bei einer Führung zu Fuß oder im Landrover lassen sich
Kalkbrennöfen, Rumfordöfen und die Schachtofenbatterie erkunden. Die

Anlage gehört zum Weltkulturerbe. Seit 2008 trägt die Gemeinde den von der Bundesregierung verliehenen Titel »Ort der Vielfalt«.

Wir baden im außerordentlich sauberen Wasser des Kalksees und radeln über Schöneiche zurück zum S-Bahnhof Rahnsdorf.

ADRESSEN ZUR TOUR

Aussichtsturm auf dem Kranichsberg
Rüdersdorfer Str. 67
15569 Woltersdorf
Telefon 03362-24793 oder 03362-5565
Öffnungszeiten: April bis Oktober
Montag bis Freitag 9:30–15:30 Uhr
Samstag, Sonntag u. an Feiertagen
10–17 Uhr
November bis März
Samstag, Sonntag u. an Feiertagen
10–16 Uhr
Bei extremen Witterungsverhältnissen
bleibt der Turm geschlossen
Eintritt: Erwachsene 2,00 Euro
Kinder ab 3 Jahre 0,50 Euro, ermäßigt
sowie Gruppen ab 10 Personen 1,00 Euro
Schulklassen pro Schüler 0,50 Euro
Lehrer 1,50 Euro

Gerhart-Hauptmann-Museum Erkner
Villa Lassen
Gerhart-Hauptmann-Straße 1–2
15537 Erkner
Telefon 03362-3663
info@hauptmannmuseum.de
www.hauptmannmuseum.de/kontakt
Öffnungszeiten: Dienstag bis Sonntag
11–17 Uhr
Eintritt. Erwachsene: 2 Euro pro Person
Führungen: 10 Euro pro Person

Heimatmuseum Erkner
Heinrich-Heine-Straße / Ecke Pfälzer
Straße
15537 Erkner
Telefon 03362-22452
www.heimatverein-erkner.de
info@heimatverein-erkner.de

Fidushaus
Köpenicker Straße 46
15569 Woltersdorf
Privatbesitz

Museumspark Rüdersdorf
Heinitzstraße 41
15562 Rüdersdorf bei Berlin
Infos unter 033638-799797 oder
kontakt@museumspark-kulturhaus.de
www.museumspark.de
Öffnungszeiten: April bis Oktober täglich
10 –18 Uhr, November bis März Dienstag
bis Sonntag 10:30 – 16 Uhr
Eintritt: Erwachsene Euro 6
Kinder (6–16 Jahre) 3 Euro
freier Eintritt für Kinder bis 5 Jahren
Flexible Jahreskarte: Erwachsene Euro 25
Kinder (6–16 Jahre) 12,50 Euro
Führungen unter:
kasse@museumspark.de

Bechsteins Ristorante di Piano
Fürstenwalder Straße 1
15537 Erkner
info@ristorante-di-piano.de
www.ristorante-di-piano.de
Telefon 03362-8892223
Öffnungszeiten: 12–21 Uhr

Sankt Annen-Kirche Zinndorf
Zinndorfer Straße 10
15345 Rehfelde OT Zinndorf
Information, Anmeldung u. Schlüssel
Telefon 033435-75456

7 Am Märkischen Meer
Von Fürstenwalde nach Beeskow

Am Ufer des Scharmützelsees

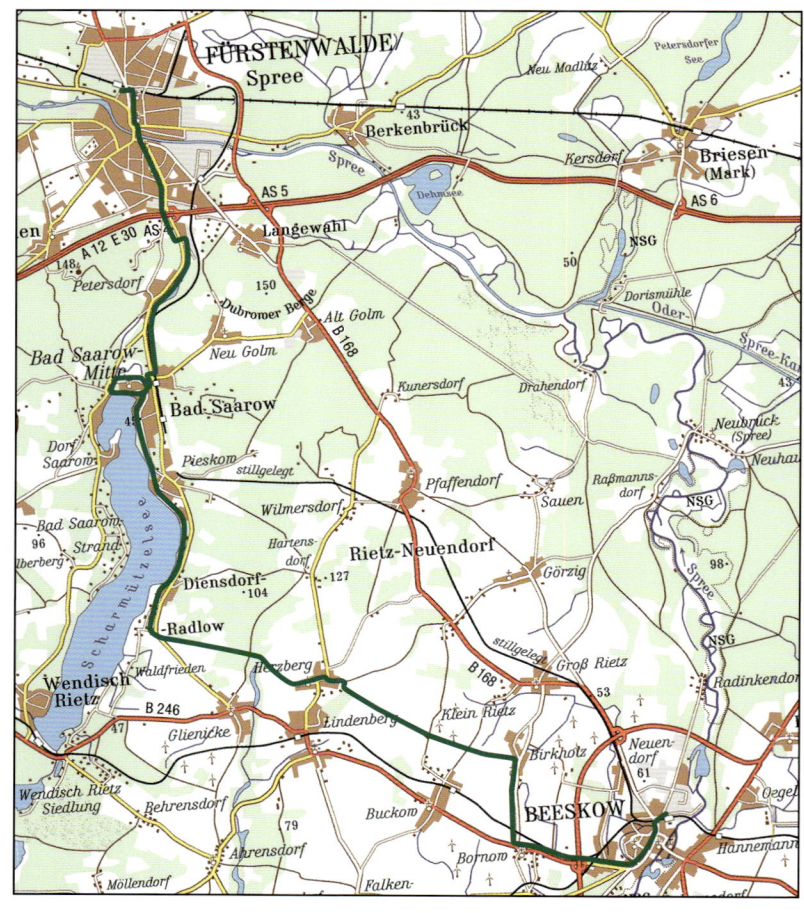

——————— Wegverlauf der Tour

TOUR KOMPAKT

Anreise: Regionalbahn R 1 nach Fürstenwalde halbstündlich ab Berlin

Start: Bahnhof Fürstenwalde

Ziel: Beeskow

Abreise: Bahnhof Beeskow Regionalbahn RB 36 nach Königs Wusterhausen, dort Umstieg in die S-Bahn

Streckenlänge: 46 km

Wegqualität: überwiegend asphaltiert, kurze Stücke unbefestigt

Streckenprofil: leichte Steigungen und Gefälle ab Bad Saarow

Verlauf: Fürstenwalde / Petersdorf / Bad Saarow / Pieskow / Diensdorf / Radlow / Herzberg / Birkholz / Bornow / Beeskow

Kartenempfehlung: Fahrradkarte Seenland Oder-Spree Nordteil und Südteil vom Pietruska Verlag

Besichtigung: Fürstenwalde mit Dom, Heimatmuseum, Innenstadt mit Rathaus, Bad Saarow mit Villen an der Uferpromenade, altes und neues Kurhaus, Kurpark, Dorfkirche Herzberg, Beeskow mit Marienkirche und Burg Beeskow

Einkehrmöglickeit: »Kirchenklause« in Beeskow

Bademöglichkeiten: am Ufer des Scharmützelsees von Bad Saarow bis Radlow mehrere sehr schöne Bademöglichkeiten

Beschilderung: Radwegbeschilderung (grün/weiß), zusätzlich ab Bad Saarow Drei-Seen-Tour bis Diensdorf-Radlow, ab Radlow Oder-Spree-Radweg

Erfahren ist ein schönes Wort. Es meint zunächst: mittels Gefährt ein bestimmtes Ziel erreichen. Im übertragenen Sinne meint es: etwas zur Kenntnis nehmen. Dass beides in demselben Wort zusammenfallen kann, hat einen Grund: Wer als Gefährt ein mit Füßen angetriebenes Zweirad benutzt, erlebt die zwei Bedeutungen als eine.

Die Regionalbahn braucht vom Zentrum Berlins bis Fürstenwalde lediglich eine halbe Stunde.

FÜRSTENWALDE: Die Domstadt an der Spree, im 13. Jahrhundert gegründet, ist die bevölkerungsreichste Stadt im Landkreis und ein wichtiges Verwaltungs- und Wirtschaftszentrum. Gelegen im Berliner Urstromtal, erfolgte eine erste Besiedlung, so vermutet man, durch Slawen. 1385 wurde Fürstenwalde Lebuser Domkapitel, 1446, nach Brandschatzung durch die Hussiten, begann

Museum Fürstenwalde

der Wiederaufbau des Doms. Aus der gleichen Zeit stammt wohl auch das Rathaus.

Der Bau der Spreemühlen und die 1842 hergestellte Eisenbahnanbindung brachten wirtschaftlichen Aufschwung. Julius Carl Friedrich Pintsch, ein Berliner Unternehmer, errichtete ein Glühlampenwerk und verlegte weitere Teile seiner Firma hierher. Im Zweiten Weltkrieg Rüstungsbetrieb, beschäftigte das Unternehmen um die 12.000 Menschen, darunter Zwangsarbeiter und Kriegsgefangene. Zuvor, im Novemberpogrom von 1938, waren die Synagoge und der Friedhof der Jüdischen Gemeinde geschändet worden. Die Arbeiter der Deutschen Ausrüstungswerke in Fürstenwalde (DAW) waren meist Häftlinge der KZ Buchenwald und Sachsenhausen, untergebracht in Außenlagern. Das Unternehmen gehörte der SS.

Durch Initiative eines evangelischen Geistlichen begann, noch zu DDR-Zeiten, die Wiederherstellung des fast völlig zerstörten gotischen Doms St. Marien. 1988 gründete sich eine Dombauhütte. Im Jahre 1995 wurde der Bau mit seiner neuen Orgel wiedereingeweiht. Seither dominiert der eindrucksvolle Sakralbau das städtische Zentrum, das sich mit der Rekonstruktion alter Häuser, mit neuen Geschäften und Geschäftszeilen zu schließen begann. Der letzte Krieg hatte in Fürstenwalde schwere Zerstörung hinterlassen. Lange prägten Lücken und Brachen das Stadtbild. Bei Neubauten kam es bevorzugt zum Einsatz der DDR-typischen Betonfertigplatte. Das Reifenwerk

Dom Fürstenwalde, Türme des Rathauses und des Doms Fürstenwalde, Kulturfabrik

Pneumant wurde ein wichtiger Arbeitgeber neben Betrieben der Chemie-Industrie und des Tankanlagenbaus. Die Stadt war ebenso produktiv wie hässlich.

Außerdem gab es eine militärische Tradition. Napoleons Truppen machten Station, ihnen folgten deutsche Ulanen. Nach 1945 wurde Fürstenwalde Standort der sowjetischen Streitkräfte, die DDR-Volksarmee betrieb die Bunkeranlage »Fuchsbau«. Das Militär ist mittlerweile abgezogen. Versucht wird, die hinterlassenen Liegenschaften zu sanieren und friedlich zu nutzen.

Heute hat Fürstenwalde durchaus seinen Charme. Es gibt Cafés, Restaurants und ein großes Hotel. Die Kulturfabrik bietet Platz für Vereine und Initiativen, für Veranstaltungen und Konzerte. Ein gut sortiertes Museum informiert über Erdgeschichte, es besitzt, eine geologische Spezialität, die größte Geschiebesammlung Europas. Auch die Geschichte der Bischofs-, Grenz-, Handels- und Industriestadt Fürstenwalde wird hier dokumentiert. Zum Dom gehört eine Bibliothek mit kostbaren Altbeständen, unter anderem gehören ihr Teile des einst außerordentlichen Buchbestandes der Massows, Gutsherren im nahe gelegenen Steinhöfel.

Gleich hinter dem Dom steht nahe der Spree das barocke Jagdschloss König Friedrichs I. von Preußen. Die Architektur ist kostbar, der gegenwärtige

Bahnhof Bad Saarow

Zustand bedauernswert, trotz aller Bemühungen kam eine Sanierung bislang nicht zustande.

Unser Weg führt in südliche Richtung, durch einen Wald und vorbei an Petersdorf mit seinem See.

Wir erreichen Bad Saarow. Der Ort liegt am Nordende des Scharmützelsees, einem der größten Binnengewässer der Mark Brandenburg und seit mehr als hundert Jahren prominent als Erholungs- und Kurort. Geschäftstüchtige Investoren erschlossen das Gelände. Wohlhabende Berliner zogen ein. Filmstars wie Harry Liedtke und Käthe Dorsch waren hier ebenso zuhause wie der Schwergewichtsboxer Max Schmeling. Hotels entstanden und ein höchst eindrucksvoller Bahnhofsvorplatz.

Magnet für Privilegierte blieb Bad Saarow auch im Zeichen der DDR. Regierungschef Stoph hatte am Seeufer ein Anwesen, streng bewacht, ebenso wie der Kulturminister Johannes R. Becher. Für ihn steht ein vom Bildhauer Fritz Cremer geschaffenes Bronzedenkmal.

Becher war nicht nur Politiker, er war vor allem Literat. Bad Saarow bedachte er mit allerlei (nicht sehr guten) Versen. Zur Zeit der braunen Diktatur war er Exilant in der Sowjetunion; Maxim Gorki, da schon sowjetischer Staatsdichter, lebte für eine Weile in Bad Saarow. Zu DDR-Zeiten hat man seiner gern gedacht.

Ehemaliges Gorki-Haus, Steg am Scharmützelsee, Johannes-Becher-Denkmal

FUNDSTÜCK: 1972 wurde ein Blockhaus in der Ulmenstraße zu einer Erinnerungsstätte für Maxim Gorki. Das Haus aus schwarzen Balken und roten Holzapplikationen könnte, mit etwas Fantasie, als sibirisches Holzhaus durchgehen. Errichtet hatten es in den 1920er Jahren keine Russen, sondern Angehörige einer jüdischen Berliner Bankiersfamilie namens Landsberg, und es trug den unslawischen Namen Villa »Putti«. Die Landsbergs flohen vor Hitler nach Brasilien. Ihr Anwesen in Bad Saarow demolierten die Nazis.

Die DDR ließ es sanieren und stellte es unter Denkmalschutz. Eine Bibliothek zog ein, die schließlich achttausend Gorki-Bände in verschiedenen Sprachen umfasste. Autorenlesungen und Ausstellungen fanden statt. Viele Besucher kamen, Gorki war in der DDR nicht bloß Schullektüre, sondern generell populär. Dabei war der Dichter niemals Gast in diesem Hause gewesen, vielmehr lebte er, zwischen 1922 und 1923, in einem hiesigen Sanatorium, um seine kranke Lunge zu kurieren.

Die Zeit der Maxim-Gorki-Gedenkstätte endete mit dem Staat DDR. Ausstellung und Bibliothek zogen aus. Das Haus wurde Fremdenpension und warb für »Wohnen im Baudenkmal«. 1999 wurde es an die Erben der Landsbergs zurückgegeben. Nach seinem Verkauf beherbergt es eine Ferienwohnung.

Skulptur der »Moorhexe« im Kurpark, neue Saarow-Therme, historisches Gebäude des Moorbades

Bad Saarow besitzt heute außer seinem Strandbad eine viel besuchte Therme. Es gibt einen ausgedehnten und überaus anmutigen Kurpark, der bis zum Seeufer führt. Erinnert wird an die »Moorhexe« Catharine Kohlhoff. Die geborene Fischeder (1894–1982) war eigentlich Bildkünstlerin. Studiert hatte sie an der Kunstgewerbeschule in Charlottenburg und war bis 1928 verheiratet mit einem Maler, dem Mitglied der Berliner Sezession Wilhelm Kohlhoff. Sie gebar ihm zwei Kinder, die früh verstarben. Dieses Ereignis scheint sie verändert zu haben. Sie zog nach Bad Saarow, wo ihre Eltern ein Haus besaßen, und verbrachte dort insgesamt dreißig Jahre. Sie lebte nicht von ihrer künstlerischen Arbeit, sondern widmete sich der Naturheilkunde und wurde vor allem bekannt für ihre Tätigkeit als Wahrsagerin. Dies alles tat sie auch in der DDR, die so stolz war auf ihre aufklärerische Tradition. Frau Kohlhoff praktizierte in unmittelbarer Nachbarschaft zum zentralen DDR-Armeelazarett, wo übrigens nicht nur geheilt, sondern auch geforscht wurde, heimlich, zum Thema Doping im Sport. Begraben liegt Catharine Kohlhoff auf dem Bad Saarower Waldfriedhof. Seit 1996 heißt eine Quelle im Kurpark nach ihr.

Theodor Fontane nannte den Scharmützelsee das »Märkische Meer«. Es ist dies ein etwa zehn Kilometer langer, durch die Weichseleiszeit geformter Rinnensee mit einer Tiefe von maximal 29 Metern, durchschnittlich ist er 8,8 Meter tief und bietet gute Möglichkeiten für viele Arten von Wassersport.

Schwedenhaus

Schifffahrten bis nach Berlin sind im Angebot. In jüngster Zeit eröffneten neue und zum Teil recht exklusive Ferienanlagen.

Unser Weg führt am Ostufer nach Diensdorf-Radlow, vorbei an einer Villa im Stil eines schwedischen Holzhauses.

Sie gehört zum Theresienhof, der ursprünglich ein landwirtschaftliches Anwesen mit Wassermühle war. Der letzte Müller verkaufte es 1875 an den Fabrikbesitzer Modrich. Das Objekt wechselte weiterhin die Besitzer, so besaß es 1880 die damals gefeierte Soubrette Ernestine Wegner, als das Geschenk eines unbekannten Verehrers (hinter dem der Klatsch Kaiser Wilhelm II. sah). Auch Adolph, Sohn von Zirkusgründer Renz, zählte zu den zeitweiligen Eignern. Am Ende erwarb es der Porzellanfabrikant Paul Rudolph Schomburg aus Berlin-Moabit, dessen Frau eine Schwedin war und für die er das sogenannte Schwedenhaus errichten ließ. 1918 ging das Anwesen über in den Besitz der Berliner Theresienhofgesellschaft, die es erweitern ließ und für den Tourismus öffnete. Vor 1996 nutzte es der Berliner Verlag. Dann, 2008, kam es zum Abriss. Einzig das Schwedenhaus blieb verschont.

Diensdorf-Radlow wuchs zusammen aus zwei Ortsteilen, einem Fischerdorf und einem Rittergut. Im 19. Jahrhundert stand hier eine Ziegelei, die unter anderem Baumaterial für die Zitadelle Spandau produzierte. Es gibt einen Yachtclub samt Marina und einen schönen Badestrand.

Turm der St. Marienkirche Beeskow, Radweg bei Birkholz, ältestes Haus von Beeskow

Wir setzen unsere Fahrt in Richtung Osten fort. Der Weg steigt an und verläuft zwischen Kiefernwald und Feldern. Im Dorfkern von Herzberg steht eine Kirche, in deren Ostwand sogenannte Schachbrettsteine vermauert sind; diese Form des Bauschmuckes trifft man verschiedentlich an Feldsteinkirchen des 13. und 14. Jahrhunderts. Die Bedeutung ist unklar. Möglicherweise handelte es sich um Zunftzeichen der beteiligten Gewerke.

Weiter geht es über die Dörfer Birkholz und Bornow. Kläräpfel liegen auf der Fahrbahn. Am Wegrand türmen sich zusammengetragene Findlinge zu Haufen. Aus dem Horizont wächst der Turm von Beeskows Stadtkirche.

BEESKOW. Die Stadt gilt als »Tor zur Niederlausitz«. Entstanden ist sie im 13. Jahrhundert an einer Kreuzung von Handelswegen, die Burg wird erstmals 1316 erwähnt. Als Zollstation gehörte Beeskow zunächst zum Bistum Meißen und wechselte danach mehrfach die Eigner, zu denen die Lebuser Bischöfe zählten und schließlich die Kurfürsten von Brandenburg. Großbrände brachten Zerstörung. Wiederaufgebaut wurde Beeskow als Garnisonsstadt. Erfolgreich waren im 19. Jahrhundert die Bierproduktion und die Tuchherstellung, später die Kalk-und Ziegelbrennerei, dazu gab es Dampf- und Sägemühlen; seit 1888 bestand Anschluss an das Eisenbahnnetz. Schäden aus dem Zweiten Weltkrieg betrafen unter anderem die Stadtkirche St. Marien,

Teil der Stadtmauer in Beeskow mit einem der Türme

während der Jüdische Friedhof, merkwürdig genug, von NS-Heimsuchungen verschont blieb. Nach 1989/90 begannen Restaurationsarbeiten in der Altstadt und an der Stadtkirche, einem der größten backsteingotischen Sakralbauten Brandenburgs überhaupt.

Das örtliche Rouanet-Gymnasium heißt nach dem Großvater von Theodor Fontanes Ehefrau Emilie. Der Senator und Stadtkämmerer brachte es zu Ansehen, da er während der Befreiungskriege zwischen napoleonischen Besatzern und Einheimischen vermitteln konnte. Der gebürtige Franzose liegt in Beeskow begraben.

Die Stadtmauer mit ihren sechs Türmen ist weitgehend erhalten. Hinter dem großzügig geschnittenen Marktplatz erhebt sich der mächtige Turm von St. Marien. Ältestes Profangebäude ist ein kleines Fachwerkhaus aus dem 15. Jahrhundert.

Die Burg, erstmals 1272 urkundlich erwähnt, gehörte zunächst den Herren von Strehle und war Teil eines Netzes von Verteidigungsanlagen in der gesamten Mittelmark. Mehrmals wechselten die Besitzer, unter anderem war sie bischöfliche Residenz und diente später als Verwaltungssitz. Nach 1991 umgewidmet zu einem Kultur- und Bildungszentrum, beherbergt sie inzwischen ein Kunstarchiv, das rund 23.000 Arbeiten aus DDR-Zeit umfasst. Stücke daraus werden in wechselnden Ausstellungen gezeigt. Seit 1993 vergibt Beeskow ein Burgschreiberstipendium.

Turm, Eingang und Museumsteil der Burg Beeskow

Wir fahren in Beeskow umher. Die ausführliche Stadtbesichtigung macht hungrig. Als Restaurant bietet sich die »Kirchenklause« gegenüber der Marienkirche an.

Mit Umstieg in Königs Wusterhausen fahren wir mit der Regionalbahn zurück nach Berlin.

ADRESSEN ZUR TOUR

Museum Fürstenwalde
Domplatz 7
15517 Fürstenwalde/Spree
Telefon 03361-2130
museum@kulturfabrik-fuerstenwalde.de
www.museum-fuerstenwalde.de
Öffnungszeiten: Anfang Januar bis
Ende März
Dienstag bis Sonntag von 13–16 Uhr
Anfang Juni bis Ende Oktober:
Dienstag bis Sonntag von 13–17 Uhr
Eintritt: Erwachsene 4,00 Euro
Ermäßigt 2,00 Euro
Familienkarte 10,00 Euro
Gruppen (ab 20 Personen) Erwachsene
2,00 Euro p.P., ermäßigt 1,00 Euro p.P.

Führungen: 10,00 Euro
Stadtführungen (ab 10 Personen)
nur mit Voranmeldung 5,00 Euro
Schülergruppen pauschal: 40 Euro

Dom St. Marien Fürstenwalde
Domplatz
15517 Fürstenwalde/Spree
domgemeinde.fuerstenwalde@ekkos.de
www.kirche-fuerstenwalde.de
Infos unter: 03361-7356050
Montag bis Freitag 10–15 Uhr
Wochenende 11–16 Uhr

Saarow Therme
Am Kurpark 1
15526 Bad Saarow

Telefon 033631-868-0
info@bad-saarow.d
therme.bad-saarow.de
Öffnungszeiten: 10:00 – 21:00 Uhr
während Winter-, Oster-, Herbst- und
Weihnachtsferien 9:00 – 23:00 Uhr
Eintritt ab 17,50 Euro

Dorfkirche Herzberg
Magisterstraße 2
15848 Herzberg OT Rietz-Neuendorf
Informationen unter
Evangelisches Pfarramt
Telefon: 033677-404

Burg Beeskow
Frankfurter Straße 23
15848 Beeskow
Telefon: 03366-352712
www.burg-beeskow.de
Öffnungszeiten:
April bis September, Dienstag bis Sonn-
tag, 10 – 18 Uhr
Oktober bis März, Dienstag bis Sonntag,
11 – 17 Uhr
Regelmäßige Führungen im Musikmuse-
um Dienstag, Donnerstag, Samstag und
Sonntag 14:30 Uhr
Tageskarte 8,00 Euro, ermäßigt 6,00 Euro
Regionalmuseum 3,50 Euro
Ausstellungszentrum 3,50 Euro
Musikmuseum ohne Führung 3,50 Euro
Kunstarchiv Beeskow kann nur mit
Führungen und bei Veranstaltungen
besucht werden
Führungen unter 03366-352727

Sankt Marien Kirche Beeskow
Kirchplatz 1
15848 Beeskow
Telefon: 03366-20485
oder 03366-24123
info@fv-marienorgel-beeskow.de
www.beeskow.de
Telefon: 03366-20485
Öffnungszeiten: Mitte April bis Ende
Oktober
tägl. 10–17 Uhr
Sonntag u. an Feiertagen 12–17 Uhr
Führungen über das Pfarramt

Kirchenklause Beeskow
Kirchgasse 11
15848 Beeskow
Telefon: 03366-23334
kirchenklause-beeskow@t-online.de
www.kirchenklause-beeskow.de
Montag bis Sonntag: ab 11:30 Uhr

Café & Restaurant »Spreebrücke«
Uferstraße 18,
15848 Beeskow
Telefon: 0336-21418
info@fischgenossenschaft.de
www.fischgenossenschaft-storkow.de
Öffnungszeiten:
täglich ab 11:30 Uhr
Montag Ruhetag
zugehörige Fischerei und Hofladen
Telefon: 03366-21448

8 Auf Templerspuren

Von Fürstenwalde nach Seelow

Seenkette bei Lietzen

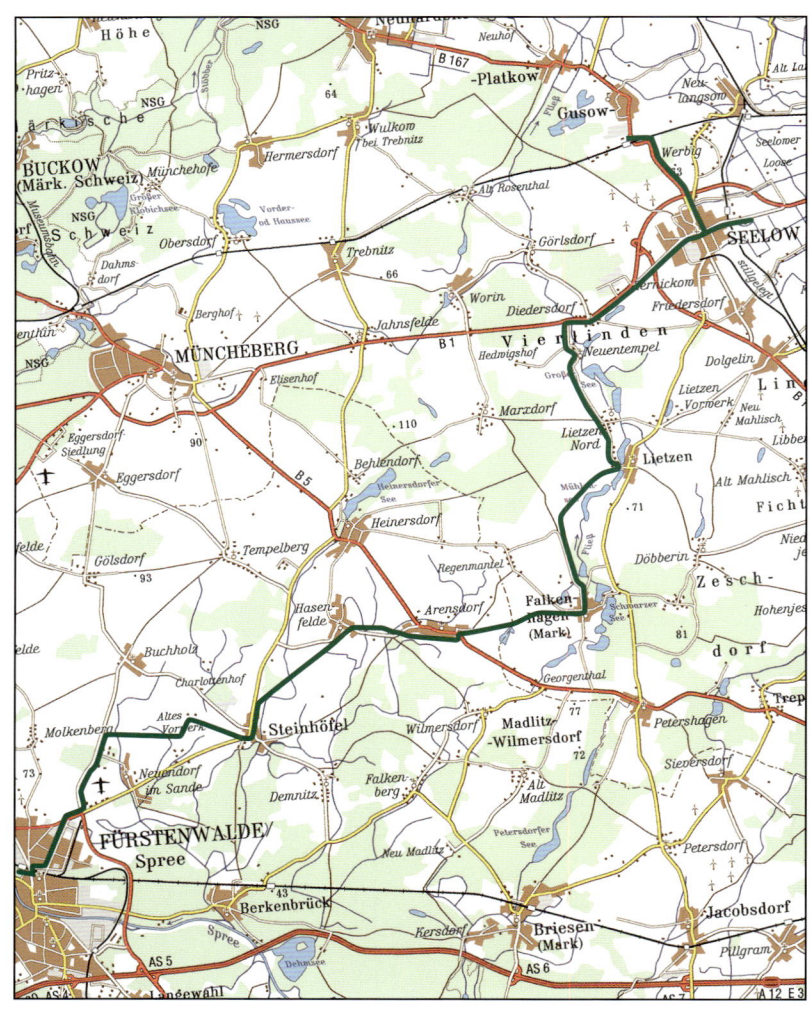

────── Wegverlauf der Tour

TOUR KOMPAKT

Anreise: Regionalbahn R 1 nach Fürstenwalde halbstündlich ab Berlin

Start: Bahnhof Fürstenwalde

Ziel: Seelow

Abreise: Bahnhof Seelow-Gusow mit der Regionalbahn RB 26 stündlich nach Berlin

Streckenlänge: 54 km

Wegqualität: überwiegend asphaltiert

Streckenprofil: leichte Steigungen und Gefälle ab Arensdorf

Verlauf: Fürstenwalde / Steinhöfel / Hasenfelde / Arensdorf / Falkenhagen / Lietzen / Lietzen Nord / Neutempel / Diedersdorf / Seelow / Seelow-Gusow

Kartenempfehlung: Fahrradkarte Seenland Oder-Spree Nordteil und Südteil vom Pietruska Verlag

Besichtigung: Schloss Steinhöfel, Dorfkirche Arensdorf / Dorfkirche Falkenhagen / Komturei Lietzen / Fahrradkirche Neutempel / Schloss Diedersdorf / Gedenkstätte Seelower Höhen

Einkehrmöglichkeit: »Kunstspeicher« Friedersdorf

Bademöglichkeit: am Schwarzen See bei Falkenhagen

Beschilderung: Radwegbeschilderung (grün/weiß), zusätzlich Oderbruchbahnradweg bis Steinhöfel und Märkische Schlössertour

Vom Bahnhof aus fahren wir in Richtung Norden und überqueren die Gleise. An einer Ausfahrtsstraße beginnt die Markierung des Oderbruchbahnradweges. Hinter der nordöstlichen Stadtgrenze von Fürstenwalde erstrecken sich Felder. Es ist windig und regnet, Gegenwind macht das Fahren mühsam. Links und rechts wachsen Obstbäume, die niemand erntet. Äpfel, Birnen, Pflaumen liegen abgefallen am Wegrand, und es riecht nach überreifem Obst und Fäulnis. Der Herbst ist heran.

Der Kirchturm von Steinhöfel wird sichtbar. Am Ortsrand treffen wir auf den Thierbachhof, Sitz eines Bildhauerateliers. Auf dem Gelände stehen Steinplastiken zwischen viel Grün. Der Eingang zum Schlosspark wird von zwei Sphingen bewacht.

SCHLOSS UND LANDSCHAFTSPARK STEINHÖFEL: Zwischen 1790 und 1795 entwarf und verwirklichte der klassizistische Architekt David Gilly gemeinsam mit seinem Sohn Friedrich hier eine Gesamtanlage aus Gebäuden und

Schloss Steinhöfel

englischem Landschaftspark. Auftraggeber war Valentin von Massow, Regimentskamerad des preußischen Kronprinzen und späteren Königs Friedrich Wilhelm. Massow ließ das überkommene Herrenhaus zu einem frühklassizistischen Schloss umgestalten. Auch im Park wurde gebaut, darunter ein Tempel, der als Bibliothek diente, außerdem eine Grotte, ein chinesisches Haus, ein künstlicher Wasserfall und ein Vogelhaus. Die Sphingen am Eingang stammen von Gottfried Schadow. Der Kronprinz und Kronprinzessin Luise waren 1794 zu Gast und fanden an Steinhöfel so viel Gefallen, dass sie die beiden Gillys mit dem Bau ihres Sommersitzes in Paretz beauftragten.

Im Verlauf des 19. Jahrhunderts wurde das Schloss spätklassizistisch überformt. 1945 zog ein Warenhaus der Konsumgenossenschaft ein. Der Bau verfiel. Der Park verwahrloste, zum Teil wurde er abgeholzt. Nach der Wiedervereinigung begannen Restaurierungsarbeiten, die inzwischen abgeschlossen sind. Heute dient das Schloss als Hotel. Manchmal finden hier Filmaufnahmen für Telenovelas statt. Der Park gilt als einer der frühesten englischen Landschaftsgärten in der Mark Brandenburg. »Er zählt zu den schönsten, die wir in der Provinz besitzen«, sagte Fontane. Auf den geschwungenen Wegen öffnen sich ständig neue Blickachsen und Landschaftspanoramen. Künstlich angelegte Wasserläufe durchziehen das Gelände, mit Buchten, schönen Uferlinien und abwechslungsreich gestalteten Brücken.

Park Steinhöfel mit Bibliothek, Grotte und Pferdegräbern

FUNDSTÜCK: Die Massows sind ein altes Adelsgeschlecht, das ursprünglich in Niedersachsen daheim war und später ins Ostelbische ausgewandert ist.

Der 1825 geborene Valentin von Massow, Erbherr auf Steinhöfel und Oberstleutnant bei den Ulanen, liebte nicht nur die Künste, er liebte außerdem die Pferde.

Im Schlosspark von Steinhöfel befinden sich zwei Rossgräber, wobei nicht überliefert ist, ob die toten Tiere tatsächlich unter den Gedenksteinen hier beigesetzt wurden.

Die Inschriften erinnern an zwei Lieblingsrösser Valentin von Massows, eines hieß »Herzog«, und auf dem Stein ist zu lesen, es sei ein treuer Arbeiter gewesen, allerdings habe es unansehnliche Vorderbeine gehabt. Das andere trug den etwas sonderbaren Namen »Hurrah-Pardon!«.

Auf ihm nahm der Erbherr an einem Distanzritt zwischen Berlin und Wien teil. Für die 575 km lange Strecke benötigte er 85 Stunden und 26 Minuten. Kurz nach der Ankunft hinter der Ziellinie brach das Pferd völlig erschöpft zusammen.

Die beiden Gedenksteine für die Pferde wurden liebevoll restauriert. Außerdem gibt es im Park dann noch das Grab eines unbekannten Mädchens.

Auch Hunde wurden hier beigesetzt. Deren Gräber sind nicht mehr auffindbar.

Holunderbusch mit reifen Beeren, Kirche Falkenhagen, Radweg bei Falkenhagen

Eine Station des inzwischen wieder populären Jakobswegs mit dem Zielort Santiago de Compostella in Nordspanien führt über die kleine märkische Ortschaft Arensdorf. Die Begegnung mit Pilgern dort ist keine Seltenheit. In Arensdorf steht eine schöne frühgotische Feldsteinkirche mit breitem Westquerturm und kleinem Dachreiter. Auch die Kirchenglocke mit Relief und Inschrift ist alt, sie stammt aus dem 14. Jahrhundert.

Der Weg führt über sanfte Wellen durch die Endmoränenlandschaft, vorbei an Holunderbüschen und Pflaumenbäumen, an deren Ästen reife Früchte hängen. Seen glitzern in der Sonne.

Falkenhagen geht vermutlich auf eine slawische Burganlage zurück. Mit dem Bau der mächtigen dreischiffigen Basilika, größter Feldsteinkirche im Osten Brandenburgs und zeitweilig Bischofssitz, wurde zur Zeit der Spätromanik begonnen, zur Zeit der Frühgotik fand er seinen Abschluss. Bis zum 17. Jahrhundert hatte Falkenhagen Stadtrechte. Es gab ein Herrenhaus mit Park, 1938/39 wurden die Besitzer enteignet, das Schloss riss man ab. 1940 begann der Bau einer unterirdischen Fabrikationsstätte für chemische Kampfstoffe wie das Giftgas Sarin. Im April 1945 übernahmen Einheiten der Roten Armee das Werk. Von 1958 bis 1964 bauten die Sowjets die ehemalige Wehrmachts-Bunkeranlage zu einer ABC-sicheren Kommandozentrale des Warschauer Paktes um. Das Militärbündnis hat sich aufgelöst, das Gelände liegt heute brach.

See vor Falkenhagen, Gutsverwaltung, Kirche und Speicherhaus Komturei Lietzen

Wir fahren auf einer Anhöhe. Im Tal vor uns liegt eine Seenkette, verbunden durch das Platkower Mühlenfließ, an der die Komturei Lietzen liegt. Es ist dies der letzte noch auffindbare Sitz der Templer in Brandenburg, 1232 errichtet, nach Auflösung des Ordens 1312 übergegangen in den Besitz der Johanniter. Um das Jahr 1250 begann der Bau der romanischen Komtureikirche und des Herrenhauses. Der Speicher stammt vom Beginn des 14. Jahrhunderts.

Das Adelsgeschlecht Hardenberg stammt eigentlich aus Niedersachsen. Dort befindet sich immer noch sein Stammsitz und genießt lokalen Ruhm: durch Brennen eines Kornschnapses, der als Etikett einen schwarzen Eber zeigt, das Wappentier der Sippe. Als eines von acht Kindern wurde 1750 dem Obristen Christian Ludwig von Hardenberg ein Sohn geboren, Karl August, der nach Rechtsstudium, Auslandsaufenthalten und Amtstätigkeit anderswo 1781 in preußische Dienste trat. Er war maßgeblich an jenen Reformen beteiligt, die das Königreich Preußen in die Lage versetzten, den übermächtigen Franzosenkaiser Napoleon militärisch zu schlagen. Aus Dank dafür wurde Karl August von Hardenberg gefürstet und mit etlichen märkischen Ländereien ausgestattet. Dies waren das Rittergut Quilitz, fortan Neuhardenberg geheißen, und die Komturei Lietzen.

Die preußischen Hardenbergs waren die größten Grundbesitzer der Mark Brandenburg. Ein Nachfahre des Staatskanzlers, Carl-Hans, gehörte 1944

Details der Kircheneinrichtung in Lietzen

zu der Verschwörern des 20. Juli. Er wurde festgenommen und sein Besitz von den Nazis enteignet. Er überlebte die Haft, war für kurze Zeit Minister in Potsdam und ging dann nach Niedersachsen. Seinen Feldbesitz übernahm die DDR-Bodenreform, Landwirtschaftliche Genossenschaften bildeten sich, Neuhardenberg hieß nunmehr Marxwalde.

1989/90 brach die DDR zusammen. Der Einigungsvertrag bestätigt alle Maßnahmen der DDR-Bodenreform, doch Hardenberg war nicht durch die DDR, sondern schon durch die Nazis enteignet worden. Hier (wie anderswo) bestand damit Anspruch auf Restitution. Nach einigem Zögern verzichteten die Hardenberg-Erben auf Marxwalde, nun wieder Neuhardenberg; der Unterhalt hätte sie wirtschaftlich überfordert. Übernommen haben sie die Komturei Lietzen, die landwirtschaftlich profitabel ist. Sie machte noch einmal Schlagzeilen, als auf ihrem Gelände eine große Kiesgrube ausgehoben werden sollte. Die Bauvorhaben in Ostdeutschland versprachen eine lebhafte Konjunktur. Doch die Lietzener Bevölkerung protestierte lautstark, das Vorhaben wurde abgesagt.

Das Gelände der Komturei ist öffentlich zugänglich. In der Kirche finden gelegentlich Konzerte statt.

Beim Gang über das Gelände lesen wir an den Ruinen eines Wirtschaftsgebäudes: »Plane mit! Arbeite mit! Regiere mit!«, trübseliges Überbleibsel aus LPG-Zeiten.

Schloss Diedersdorf, Gedenkstätte Seelow, Kreiskulturhaus Seelow

Neutempel, eine Siedlung aus 15 Häusern und auch eine Ordensgründung, hat eine kleine Feldsteinkirche aus dem 13. Jahrhundert. Die Turmmauern sind imponierende zwei Meter dick. Bis ins 18. Jahrhundert diente sie in Kriegszeiten der Dorfbevölkerung als Fluchtburg.

Das Diedersdorfer Schloss entstand Mitte des 18. Jahrhunderts. Der schlichte Bau wurde im Laufe der Zeit mehrfach verändert. Heute sitzen dort Anwälte und Steuerberater.

Wir erreichen Seelow. Nahebei, auf den Seelower Höhen, fand eine der blutigsten Schlachten des Zweiten Weltkrieges statt, mit schweren Verlusten auf sowjetischer wie auf deutscher Seite. Die Truppen des Generals Schukow kämpften sich von hier aus den Weg nach Berlin frei.

Die Kriegshandlungen haben die Stadt Seelow schwer geschleift. Danach gab es Plünderungen und Brände. Die Folgen sind immer noch spürbar, die Stadt scheint um ihre Mitte gebracht. Bauten unterschiedlichen Alters stehen beziehungslos nebeneinander. Vom Kreiskulturhaus, einer tempelartigen Fünfzigerjahre-Architektur, blättert rosa Farbe.

An die blutige Schlacht vom Frühjahr 1945 erinnert heute eine Gedenkstätte, 1972 errichtet und 1985 erweitert, Modell war der Befehlsbunker von Sowjet-Marschall Schukow. Das flache Gebäude liegt an einer Anhöhe. Die ständige Ausstellung dokumentiert das Kriegsgeschehen zwischen den Kämpfen im Oderbruch und der endgültigen Kapitulation Deutschlands in

Soldatenfriedhof auf den Seelower Höhen

Berlin-Karlshorst. Vorgeführt werden Uniformen, Fotos, Texttafeln, Diaton-vorträge, Filme. Sie machen den Besuch zu einem bedrückenden Erlebnis, doch: Wer die Unmenschlichkeit vergesse, werde wieder anfällig für eine neue Ansteckungsgefahr, hat Alt-Bundespräsident Richard von Weizsäcker gesagt.

Auf dem Platz vor dem Museum steht militärisches Gerät sowjetischer Bauart. Treppen führen zu einem höher gelegenen Soldatenfriedhof. Alles wird überragt von einem Denkmal, das der sowjetische Monumentalbild-hauer Lew Kerbel schuf, die riesige Statue eines Rotarmisten. Seit 2003 steht daneben ein orthodoxes Kreuz. Man weiß: Im gegenwärtigen Russland haben Hammer und Sichel weitgehend ausgedient, jetzt hat wieder die Kirche viel Macht.

Beim Verlassen der Anlage sehen wir, dass ein Auto mit kyrillischen Kennzeichen hält. Ein alter Mann steigt aus. Mühsam klettert er die Stufen zum Soldatenfriedhof hinan. Dort, vor einem der Gräber, verharrt er lange.

Unser Abendessen haben wir, etwas außerhalb von Seelow, im »Kunst-speicher Friedersdorf«. Anschließend Fahrt zum Bahnhof Seelow-Gusow, von dem aus eine direkte Verbindung nach Berlin besteht.

ADRESSEN ZUR TOUR

Thierbachshof Steinhöfel
Straße der Freundschaft 2
15518 Steinhöfel
thierbachshof@nextblue.de
Telefon: 033636-259974

Schloss Steinhöfel Hotel
Am Schloßweg 4
15518 Steinhöfel
Telefon: 033636-277-0
info@schloss-steinhoefel.de
www.schloss-steinhoefel.de
Öffnungszeiten: Januar bis März
Freitag bis Sonntag
12–20 Uhr
April bis Dezember
täglich 12–20 Uhr

Feldsteinkirche Falkensee-Falkenhagen
Kirchstraße
14612 Falkensee
Infos unter: 03322-215531
info@kirche-falkenhagen.de
www.kirche-falkenhagen.de

Komturei Lietzen
Lietzen Nord 38
15306 Lietzen
Telefon: 033470-4960
info@komturei-lietzen.de
www.komturei-lietzen.de

Schloss Diedersdorf
15306 Vierlinden OT Diedersdorf
Telefon: 03346-85550
info@schlossdiedersdorf.com
www.schlossdiedersdorf.com

Gedenkstätte/Museum Seelower Höhen
Küstriner Straße 28a
15306 Seelow
Telefon: 03346-597
info@seelowerhoehen.de
www.seelowerhoehen.de
Öffnungszeiten: Dienstag bis Sonntag u.
an Feiertagen: 11–16 Uhr
Eintritt: Erwachsene 4,00 Euro, Ermäßigt
3,00 Euro
Familienkarte 8,00 Euro
Besuchergruppen ab 25 Personen: 3,00
Euro pro Person
Führung: Erwachsene jeweils 5,00 Euro,
Ermäßigt 2,50 Euro
Kinder bis 6 Jahre, Schulklassen aus LK
MOL einschließlich Aufsichtspersonen
Eintritt frei

Kunstspeicher Friedersdorf
an der B167
Frankfurter Straße 39
15306 Vierlinden
info@kunstspeicher-friedersdorf.de
www.kunstspeicher-friedersdorf.de
Telefon Büro: 03346-843856
Telefon Wirtshaus: 03346-855850
Öffnungszeiten Wirtshaus:
Dienstag bis Sonntag
11–21 Uhr

Barockkirche Friedersdorf
Besichtigung und Führungen nach Absprache unter Telefon: 03346-844975
th-dresel@t-online.de

9 Fließe und Kanäle
Von Lübbenau nach Raddusch

Der Hafen von Leipe

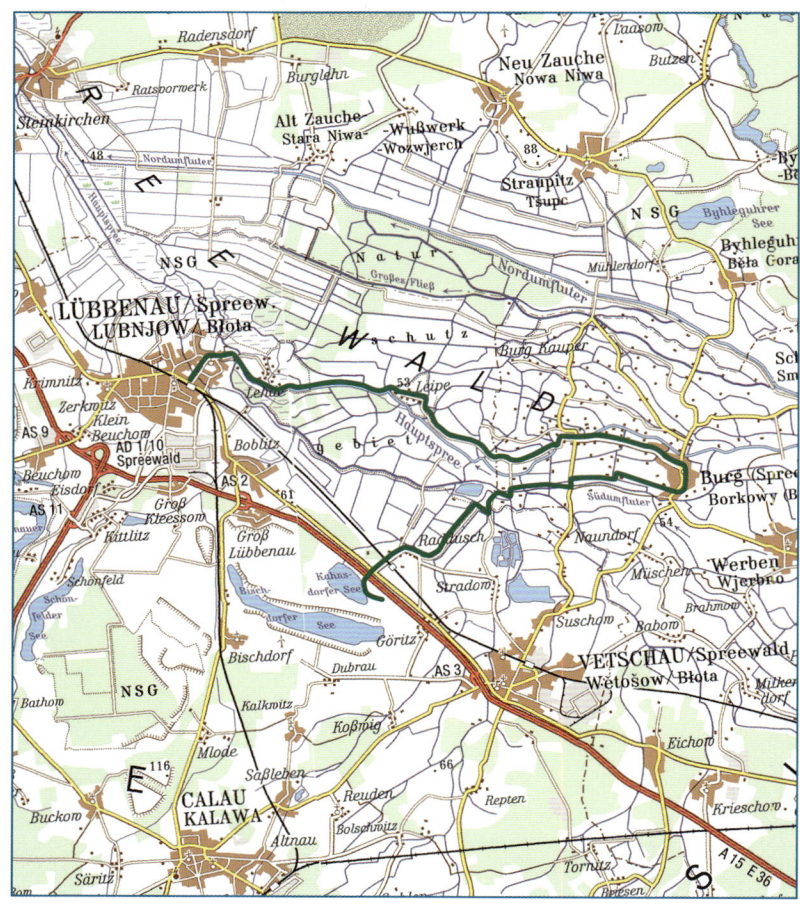

—— Wegverlauf der Tour

TOUR KOMPAKT

Anreise: Regionalbahn R2 stündlich ab Berlin Richtung Cottbus

Start: Bahnhof Lübbenau

Ziel: Raddusch

Abreise: Bahnhof Raddusch Regionalbahn R2 stündlich Richtung Berlin

Streckenlänge: 40 km

Wegqualität: asphaltierte und mit Schotter befestigte Wege, kurze Stücke unbefestigt

Streckenprofil: leichte Steigungen und Gefälle

Verlauf: Lübbenau / Leipe / Dobkower Mühle / Burg Kolonie / Burg / Krabatschleuse / Raddusch / Slawenburg Raddusch / Bahnhof Raddusch

Kartenempfehlung: Fahrradkarte Seenland Niederlausitz vom Pietruska Verlag

Besichtigung: Lübbenau Innenstadt mit Nikolaikirche, Spreewaldmuseum und Schloss, Leipe mit Heimatmuseum, Slawenburg Raddusch

Einkehrmöglickeit: Spreewald Hotel »Radduscher Hafen«

Beschilderung: Radwegbeschilderung (grün/weiß), zusätzlich Gurkenradweg

Viele Flur- und Ortsnamen der Mark Brandenburg sind slawischen Ursprungs. Hauptsiedlungsgebiet der Slawen ist das östliche Europa. Leute mit Herkunft aus der DDR haben zu allem Slawischen eine schulische und touristische Beziehung. Dies eingedenk, wählen wir unsere heutige Tour.

Wir fahren mit der Regionalbahn von Berlin Richtung Cottbus und steigen in Lübbenau aus. Die Tour führt durch den Spreewald. Auf der Strecke vom Bahnhof zur Innenstadt passieren wir ungewöhnliche Holz- und Steinplastiken, entstanden 2005 bei einem Symposium, das Betonplatten abgerissener Hochhäuser als Ausgangsmaterial nutzte. Im Zentrum gibt es einen hübschen Marktplatz mit zweigeschossigen Bürgerhäusern, dem Rathaus und der Nikolaikirche.

LÜBBENAU ist etwa 700 Jahre alt. 1315 wurde es an Ritter Christian Lange den Älteren verkauft, in der Folgezeit wechselten die Besitzer, 1505 wurden es die Schulenburgs. Vom 17. bis zum 20. Jahrhundert residierte dann im Schloss die Adelsfamilie zu Lynar, sie brachte Diplomaten, Militärs und Festungsbaumeister hervor. Wilhelm Graf zu Lynar, Offizier und Adjudant des

Anfahrt auf Lübbenau, Plastik aus Betonplatten, Innenstadt von Lübbenau

Feldmarschalls Erwin von Witzleben, war einer der Verschwörer des 20. Juli 1944. Er wurde in Berlin-Plötzensee hingerichtet. Die Familie verlor ihren Besitz, der nach dem Kriegsende dann ein zweites Mal enteignet wurde, durch die Bodenreform in der Sowjetischen Besatzungszone. Erst 1991 erhielten die Lynars ihn zurück.

Bis zur Mitte des 20. Jahrhunderts hatte Lübbenau etwa 8.500 Einwohner. In den 1950er Jahren baute man ein Braunkohlekraftwerk, durch dessen Arbeitskräfte die Einwohnerzahl anwuchs. 1996 wurde das Kraftwerk stillgelegt. Das heutige Lübbenau ist ein Erholungsort, Haupteinnahmequelle ist der Tourismus.

Die Brücke über die Mühlenspree führt in den Schlossbezirk. Ursprünglich stand hier eine mittelalterliche Wasserburg, um 1600 umgestaltet zum Renaissanceschloss. 1817 bis 1839 errichtete Carl August Benjamin Siegel den nunmehrigen klassizistischen Bau mit den zwei Türmen an der Rückfront. Den neun Hektar großen Landschaftsgarten legte zwischen 1817 und 1820 Johan Erdmann Freschke gemeinsam mit seinem Sohn Heinrich Wilhelm an, der 1852 Obergärtner in Branitz bei Fürst Hermann von Pückler wurde. Teiche, Gräben, Wege und Brücken entstanden. Erst 1928 hat die Stadt Lübbenau den bis dahin selbstständigen Gutsbezirk eingemeindet.

1932 eröffnete im Schloss ein Museum. Die Sammlung ist reichhaltig und bunt: Gemälde, urgeschichtliche Funde, Streitschriften Martin Luthers,

Schloss Lübbenau

Musikalien, Waffen, Objekte der Schlossgeschichte. Im Zweiten Weltkrieg betrieb die Luftwaffe hier eine kartografische Anstalt, 1944 wurde das Gebäude Lazarett, nach dem Krieg Behelfskrankenhaus, Landambulatorium, Entbindungsstation, Kinderkurheim. Schließlich stand es leer. Das Erbbegräbnis der Lynars wurde zerstört, den Park teilten sich Kleingärtner. 1970 begannen Restaurierungsarbeiten, die acht Jahre dauerten, danach zog erst einmal ein Schulungszentrum ein.

Nach der Wiedervereinigung kehrte die Familie Lynar zurück. Sie ließ renovieren und eröffnete ein Hotel der oberen Preisklasse, der Park wurde wieder Landschaftsgarten. An seiner Mauer steht eine Büste des Rochus Quirinus Graf zu Lynar (1525–1596). Der gebürtige Florentiner war Festungsbaumeister und beteiligt am Berliner Stadtschloss, an der Zitadelle Spandau, an der Festung Küstrin und der Augustusburg in Sachsen. Die Bronzebüste in Lübbenau war ein Geschenk Kaiser Wilhelms II. Zu DDR-Zeiten sollte sie eigentlich eingeschmolzen werden. Im Jahre 2000 kehrte sie jedoch unversehrt auf ihren alten Sockel zurück.

In unmittelbarer Nachbarschaft liegt ein Hafen. Spreewaldkäne legen ab und an. Es herrscht Gedränge, Touristen stauen sich an Verkaufsständen mit touristischem Nippes. Über allem hängt Bratwurstdunst. Der Radweg führt über Brücken und auf Dämmen in den Spreewald.

Bronzeskulptur Graf Lynars, Spreewaldhafen in Lübbenau, Blick auf die Altstadt mit Nikolaikirche

Die historische Kulturlandschaft des Spreewalds umfasst Flusslaufverzweigungen der Spree, erweitert durch Kanäle. Alle Wasserwege zusammen genommen haben eine Länge von über 970 Kilometern. Die Auen- und Moorregion wurde zum Biosphärenreservat. Zu unterscheiden ist zwischen dem größeren Oberspreewald im Süden und dem kleineren Unterspreewald im Norden. Mitten darin, in Lübbenau, verläuft die Spree auf kurzer Strecke ohne Seitenarme.

In der Zeit nach der Völkerwanderung des 3. und 4. nachchristlichen Jahrhunderts beherrschten westslawische Volksstämme weite Gebiete des heutigen Mitteldeutschlands, von der Unterelbe bis nach Mainfranken. Später wurden sie verdrängt oder assimiliert, allein die Sorben in Spreewald und Lausitz konnten sich behaupten. Ihr Gebiet teilen sich heute die Bundesländer Sachsen und Brandenburg.

Auch ethnisch unterscheiden sich Oberlausitzer und Niederlausitzer Sorben, ebenso kulturell wie in ihrer Religion und Sprache. Die Oberlausitzer Sorben sind überwiegend evangelisch, ihr Zentrum ist Bautzen. Die Niederlausitzer Sorben sind überwiegend praktizierende Katholiken, ihr Zentrum ist Cottbus, sorbisch Chóśebuz.

Als ethnische Minderheit mussten sie ihre kulturelle Identität immer wieder verteidigen. Unterstützung kam von den sprachverwandten Tschechen, die freilich ihrerseits lange um ihre nationale Autonomie zu kämpfen

Spreewaldfließ

hatten. Eine gewisse überregionale Bekanntheit, wenigstens im Berliner Raum, erhielt die Spreewälder Amme. Es gab sie vor allem im 19. Jahrhundert. Jungmütter aus begüterten Familien stellten junge sorbische Frauen ein, die außer ihrem eigenen Säugling willens und befähigt waren, noch ein fremdes Kind an die Brust zu legen, gegen Entlohnung.

Die gesamten sorbischen Bestrebungen bündelte eine Institution namens Domowina (= Heimat), die bestimmte Rechte durchzusetzen vermochte. 1937 wurde sie von den Nazis verboten. In der DDR erstand sie wieder auf, gleichsam als slawophile Verbeugung vor der Führungsmacht Sowjetunion; jedenfalls hat der ostdeutsche Staat einiges für die Sorben getan. Es gab zweisprachige Ortsschilder, sorbische Kindergärten, sorbischen Schulunterricht, sorbische Belletristik, sorbisches Theater und sorbische Folkloregruppen.

Das alles hat den Rückgang der sorbischen Kultur verzögern, doch nicht aufhalten und schon gar nicht umkehren können. Dem Sorbentum droht ein ähnliches Schicksal wie dem Plattdeutschen: Es existiert, doch die Teilhabe schwindet. Derzeit rechnet man mit 22.000 sorbischen Sprechern, davon 7.000 in der Niederlausitz. Der Anpassungsdruck der deutschsprachigen Mehrheitsgesellschaft ist gewaltig, die alten Trachten, die Volksbräuche wie Osterreiten und Eierschmücken sind meist ein touristisches Argument. Der Spreewald, einst schwer durchdringbares Gelände mit armselig lebenden

Radweg vor Leipe, Holzbrücke über Fließ, Radweg nahe Dubkower Mühle

Fischern, ist infrastrukturell erschlossen. Die spröd-melancholische Anmut dieser Landschaft mit ihren Fließen, Mooren und Waldstücken zieht vor allem Touristen an.

> Wir bauen oftmals feste
> Und sind nur fremde Gäste;
> Wo wir sollten ewig sein
> Da bauen wir ja ewig ein.

Diese wehmütigen Verse sind alt. Theodor Fontane zitiert sie im Spreewald-Abschnitt seiner »Wanderungen«.

Übliches Transportmittel im Spreewald war einst ein langes flaches Boot mit geringem Tiefgang, gestakt mittels einer langen Stange, dem Rudel. Durch den Ausbau von Wegen und Brücken verlor der Bootsverkehr seine wirtschaftliche Bedeutung, heute ist auch er nur noch Touristenattraktion. Auf einem solchen Kahn fuhr Theodor Fontane durch einen Kanal, »der eben jetzt in seiner ganzen Länge vor uns liegt, und ein niedriges und dicht gewölbtes Laubdach über uns, so gleiten wir im Boot die Straße hinauf, die nach Art einer Tute sich zuspitzend an ihrem äußersten Ausgang ein phantastisch-verkleinertes und nur noch halb erkennbares Pflanzengewirr zeigt. Alles in einem wunderbaren Licht.«

Speichergebäude im Hafen von Burg-Dorf, Kürbisbeet, Schleuse an Spreewaldfließ

Ähnlich erleben wir es. Nur ist unser Transportmittel das Fahrrad. Viele seltene Insekten fliegen durch die Luft, darunter Libellen und da zumal die blauschillernde Prachtlibelle. Immer wieder müssen Brücken überquert werden, wo sich Passanten drängen. Im Wasser schwimmen Fische die Menge.

Wir erreichen den Hafen von Leipe. Der Ortsname stammt von lipa, dem sorbischen Wort für Linde. Leipe liegt auf einer vollständig von Wasser umgebenen Talsandinsel, einer Kaupe. Die Häuser am Ufer zeigen mit der Vorderfront zum Wasser. Inselinneres und Dorfmitte sind unbebaut. Hier liegen kleine Ackerflächen. Bis in die 1960er Jahre war Leipe nicht an das Straßennetz angeschlossen, also ausschließlich über das Wasser erreichbar. Die Abgeschiedenheit brachte mit sich, dass verschiedene Bräuche sich hier besonders lange hielten.

Weiter geht es an den Kanälen entlang. Unterwegs wechseln sich Weiden mit Spargelfeldern ab. In den Gärten vereinzelt stehender Gehöfte liegen fette goldgelbe Kürbisse. Dazwischen, unter Planen, reifen Gurken.

FUNDSTÜCK: Die Gurke (Cucumis sativus) gehört zur Familie der Kürbisgewächse. Ihre Wildform stammt vermutlich aus Indien. Man unterscheidet zwei Sorten: die Salatgurke, die roh verzehrt wird, und die Einlege- oder Gewürzgurke. Letztere ist neben Leinöl und Quark

Hausfassade in Burg-Kolonie, altes Bauernhaus in Burg-Kolonie, rohe Einlegegurken

wesentlicher Bestandteil der Spreewälder Küche.

Der Name »Gurke« kommt aus dem Polnischen und folgt der Sache: Der Gurkenanbau im Spreewald geht auf Slawen zurück, von denen auch die Technik des Einsäuerns stammt. Im 17. Jahrhundert holte der Hollandreisende Graf Joachim von der Schulenburg flämische Tuchmacher in die Region. Sie sollten eigentlich feine Stoffe produzieren, die jedoch unverkäuflich blieben, da die Einheimischen ihr eigenes Tuch herstellten. Glücklicherweise hatten die Flamen Gurkensamen mitgebracht und begannen nun mit dem planmäßigen Anbau und dem Einlegen von Gurken. Es wurde eine Erfolgsgeschichte. Als ein Lübecker Kaufmann herausfand, dass sich mit dem Messer perforierte Gurken länger lagern lassen, entwickelte sich das saure Gemüse zum Umsatzbringer.

Auf den feuchten humusreichen Böden des Spreewalds gedeihen Gurken sehr gut. Der besondere Geschmack der Spreewaldgurke entsteht durch die beigefügten Gewürze. Früher nahm der Gärungsprozess in Fässern mehrere Wochen in Anspruch, heute braucht er nur einen Tag; unter Zugabe von Natronlauge werden die Gurken auf siebzig Grad Celsius erhitzt. Betriebsgeheimnis bleiben die Auswahl und die Dosierung der Zugaben: Basilikum, Zitronenmelisse, Wein-, Kirsch- oder Nussblätter.

»Die Spreewaldprodukte haben nämlich in Lübbenau ihren vorzüglichsten Stapelplatz«, sagte Fontane, »und gehen erst von hier aus in die Welt. Unter diesen Produkten stehen die Gurken obenan.« 1901 wurden 133.060 Zentner Gurken verschickt, sieben Jahre später waren es 400.720. Zu DDR-Zeiten produzierte der VEB Spreewaldkonserve Golßen Spreewaldgurken. Nach der deutschen Wiedervereinigung blieben sie eine allseits begehrte Ware, erhielten aber massive Konkurrenz durch westdeutsche Hersteller. Der Spreewaldverein wurde in Brüssel vorstellig, ein erbitterter Streit hob an und fand erst 1999 ein Ende: Der Markenname Spreewälder Gurken ist nun EU-weit geschützt. Eingelegte Gurken dürfen diesen Namen nur führen, wenn wenigstens siebzig Prozent des Gemüses aus dem Spreewald kommen und dort verarbeitet wurden.

Die Streusiedlung Burg liegt im Zentrum des Oberspreewaldes. Preußenkönig Friedrich Wilhelm I. begann im 18. Jahrhundert damit, Veteranen anzusiedeln, sie lebten auf den Kaupen und begannen mit der Urbarmachung des Moores, was eine harte Arbeit war; alles Material musste auf Kähnen transportiert werden. Die Häuser bestanden aus Holzbohlen, die Dächer aus Reet. Friedrich II. setzte die Ansiedlungen fort. Durch die Vergabe von Land an hundert meist ausländische Siedler kam es im Jahre 1766 zur Gründung von Burg-Kolonie.

Es gibt eine frühklassizistische Kirche. Einige der alten Siedlungshäuser stehen noch. Bemerkenswert ist die Weidenburg (Arena Salix), ein aus Weidenruten gefertigtes Gebäude in der Nähe des Bismarckturmes. Von dessen Plattform aus bietet sich ein schöner Rundblick auf die Umgebung. Die Spreewald-Therme, 2005 eröffnet, ist ein Solewasserbad, angeschlossen ist ein Reha-Zentrum. Pensionen und Hotels eröffneten, Burg wurde staatlich anerkannter Heilquellenkurbetrieb.

Wir fahren weiter in Richtung Krabatschleuse. Sie kann selbst bedient werden, einen Schleusenwärter gibt es nicht. Unser letztes Ziel heißt Raddusch. Wir durchqueren den Ort. Die Slawenburg liegt etwas außerhalb, nahe der Autobahn. Es handelt sich um die annähernd originalgetreue Wiederherstellung einer slawischen Fliehburg mit ringförmiger Wallanlage. Ähnliche Einrichtungen gab es einst in der Niederlausitz um die vierzig. Die in Blockhausbauweise geschichteten Holzwälle wurden mit Sand, Erde und Lehm verfüllt. Ein Wassergraben bietet zusätzlichen Schutz.

Slawenburg Raddusch

Der Bau der Slawenburg begann 880 auf einer Erhebung. Der Durchmesser betrug innen 38, außen 58 Meter. Die Höhe des Walls betrug sieben Meter. Ein etwa fünf Meter breiter Graben umgab die Burg. Zwei Tunneltore lagen einander gegenüber und dienten als Zugang. Innen gab es mit Holz eingefasste Brunnen, einer davon war vierzehn Meter tief. 963 wurde die Burg aufgegeben, der ostfränkische Markgraf Gero hatte die Gebiete der sorbischen Lusizi erobert. Die Anlage verfiel, und die Wälle verschwanden. Als die Region bei der Suche nach Braunkohlevorkommen auch archäologisch erforscht wurde, stieß man auf die Burgüberreste und grub sie zwischen 1984 und 1990 aus. Der Braunkohletagebau Seese-Ost kam zum Stillstand. Die Burg wurde gänzlich freigelegt und komplettiert.

In Folge der Braunkohleförderung ist das Gelände rundum versteppt. Gegenüber der Burg erstreckt sich eine Mondlandschaft, in den Niederungen sammelt sich Grundwasser. Der Zutritt ist vielfach gesperrt. Eine Freilichtausstellung nahe der Burg dokumentiert die Archäologie in der Niederlausitz, mit Ausgrabungen und Funden von der Steinzeit bis zum Mittelalter. Angeboten werden Führungen und Audioguides.

Wir kehren nach Raddusch zurück. Im Naturhafen besuchen wir einen Gasthof eben dieses Namens. Wir probieren die einheimische Küche. Natürlich bestellen wir Gurken.

ADRESSEN ZUR TOUR

Nikolaikirche Lübbenau
Kirchplatz 4
03222 Lübbenau/Spreewald
Telefon: 03542-2662
buero-altstadt@kirche-luebbenau.de
www.kirche-luebbenau.de
Öffnungszeiten erfragen

Kulturhof e.V.
GLEIS 3 Kulturzentrum
Güterbahnhofstraße 6
03222 Lübbenau/Spreewald
Telefon: 03542-43441
info@kulturhof-luebbenau.de
www.kulturhof-luebbenau.de

Spreewaldmuseum Lübbenau
Topfmarkt 12
03222 Lübbenau
Telefon: 03573-8702400
museum@osl-online.de
www.museums-entdecker.de
Öffnungszeiten: Januar bis März
Dienstag bis Sonntag 11–16 Uhr
April bis Oktober
Dienstag bis Sonntag 10.30–18 Uhr

Schloss Lübbenau
Schlossbezirk 6
03222 Lübbenau/Spreewald
Telefon: 03542-8730
info@schloss-luebbenau.de
www.schloss-luebbenau.de

Slawenburg Raddusch
Zur Slawenburg 1
03226 Vetschau OT Raddusch
Telefon: 035433-59220
info@slawenburg-raddusch.de
www.slawenburg-raddusch.de
April bis Oktober 10–18 Uhr
November bis März 10–15 Uhr
Eintritt: Erwachsene 10,00 Euro
Kinder 7,00 Euro
Ermäßigt 8,00 Euro
Familienkarte 26,00 Euro
Kleinfamilienkarte 18,00 Euro

Radduscher Naturhafen
Hafenweg, 03226
Vetschau/Spreewald
Kahnfährgemeinschaft Raddusch.e.V.
Radduscher Bahnhofstrasse 14 a
03226 Vetschau/Spreewald
Telefon: 035433-594565
Mobil: 0152-23652220
kontakt@raddusch-hafen.de
www.raddusch-hafen.de
Abfahrtszeiten: 20. April bis 30. September: 10:30, 13, 15 Uhr

Spreewaldhotel Radduscher Hafen
Radduscher Dorfstraße 10
03226 Vetschau/Spreewald - Raddusch
Telefon: 035433-59330
hafen@spreewaldhotel-raddusch.de
www.spreewaldhotel-raddusch.de
Restaurantöffnungszeiten
Montag bis Freitag 15–20 Uhr
Freitag bis Sonntag 12–20 Uhr

Gasthof zum Slawen
Radduscher Dorfstraße 28
03226 Vetschau/Spreewald OT Raddusch
Telefon: 035433-70809
info@gasthof-zum-slawen.de
www.gasthof-zum-slawen.de
Öffnungszeiten:
Hauptsaison
Montag bis Freitag: 16–21 Uhr
Samstag bis Sonntag: 12–21 Uhr

10 Katholischer Barock in Brandenburg
Von Müllrose nach Neuzelle

Eingangsportal des Klosters Neuzelle

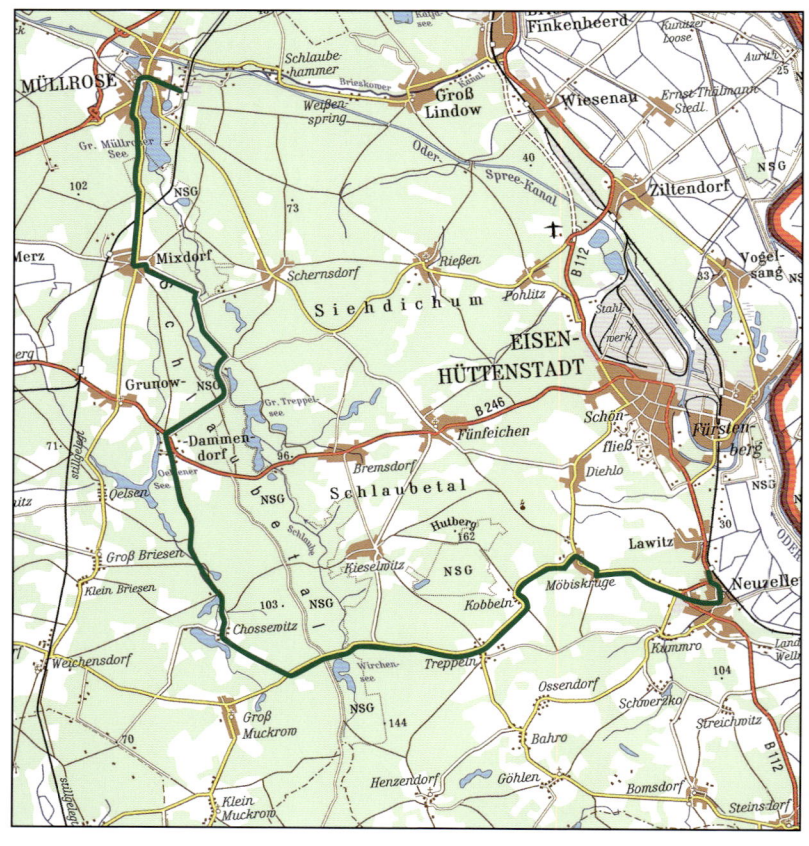

Wegverlauf der Tour

TOUR KOMPAKT

Anreise: Regionalbahn R1 nach Frankfurt/ Oder, Umstieg in RB 36 nach Königs Wusterhausen, alle zwei Stunden

Start: Bahnhof Müllrose

Ziel: Neuzelle

Abreise: Bahnhof Neuzelle Regionalbahn R1 über Frankfurt/ Oder stündlich nach Berlin

Streckenlänge: 44 km

Wegqualität: überwiegend asphaltiert, kurze Stücke unbefestigt

Streckenprofil: Steigungen und Gefälle über die gesamte Tour

Verlauf: Müllrose / Mixdorf / Kupferhammer / Siehdichum / Dammendorf / Chossewitz / Treppeln / Kobbeln / Möbiskruge / Neuzelle

Kartenempfehlung: Fahrradkarte Seenland Oder-Spree Südteil vom Pietruska Verlag

Besichtigung: Müllrose mit Heimatmuseum, Försterfriedhof Siehdichum, Dammendorf mit Forstmuseum, Dorfkirche Möbiskruge, Kloster Neuzelle

Bademöglichkeiten: Müllroser See, Chossewitzer See

Einkehrmöglickeit: »Klosterkeller« Neuzelle

Beschilderung: Radwegbeschilderung (grün/weiß), zusätzlich Mühlenradtour ab Kupferhammer, Oder-Spreetour und Mönchsradweg ab Siehdichum

Die heutige Tour führt in den Naturpark Schlaubetal. Fahrt mit dem Regionalexpress von Berlin nach Frankfurt an der Oder, dort Wechsel in die Regionalbahn nach Müllrose. Vom Bahnhof führt ein gut beschilderter Weg zur Innenstadt. Nach zehn Minuten erreichen wir die Uferpromenade des Müllroser Sees.

MÜLLROSE: Das »Tor zum Schlaubetal«, wie es sich gerne nennen lässt, liegt am nördlichen Ende einer Schmelzwasserrinne aus der Weichseleiszeit, zwischen Kleinem und Großem Müllroser See. Hier fließt die Schlaube, die schließlich in den Kleinen Müllroser See mündet.

Ursprünglich eine wendische Siedlung, erhielt Müllrose um 1260 das Stadtrecht. Zwischen 1275 und 1770 stand hier eine Burganlage, von der Teile wie auch Teile der Stadt 1432 von Hussiten zerstört wurden. Ab 1444 hatte Müllrose wechselnde Besitzer, bis es 1808, durch die Städteordnung des Frei-

Uferpromenade am Müllroser See

herrn vom Stein, wieder selbstständig wurde. Mit Anbindung an das Telegrafennetz und Anschluss an die Eisenbahn entwickelte sich im 19. Jahrhundert die örtliche Wirtschaft. Eine eigene Zeitung erschien. Es gab eine Druckerei, zwei Kofferfabriken und seit 1907 ein Sanatorium. Während des Zweiten Weltkrieges wurden im Rüstungswerk »Speerlager« Zwangsarbeiter eingesetzt. Im April 1945 eroberten Einheiten der Roten Armee die Stadt, deren Kriegszerstörungen vergleichsweise gering ausfielen.

Der erste Teil des Ortsnamens legt den Gedanken an Mahlwerke nahe. Tatsächlich gab es hier Müllereibetriebe schon seit dem Mittelalter. Auffällig im Stadtbild ist der mehrstöckige Backsteinbau der Müllroser Mühle. Sie hat eine lange Geschichte. 1647 übernahm sie ein Andreas Többicke aus Lebus, dessen Familie sie hundert Jahre lang gehörte. Deren Wohnhaus in der Innenstadt steht bis heute. Im 19. Jahrhundert, unter dem damaligen Eigner Adolph Schmid, stellte man um auf Dampfantrieb. Im Zweiten Weltkrieg, längst zur industriellen Großanlage geworden, diente die Mühle auch als Luftschutzbunker. Nach 1945 enteignet, hieß sie nun »VEB Müllroser Mühlenwerke«, woraus 1992 die »Oderland-Mühlenwerke Müllrose« wurden.

Die Fahrt durch die Innenstadt führt zum Nordufer des Großen Müllroser Sees, vorbei am Mühlenkomplex und einem alten Mühlenrad. Der See schimmert im Sonnenlicht. Einheimische flanieren auf der Uferpromenade

Museum in Müllrose, Ritzgraffiti an Buche, Gasthaus in Kupferhammer

und füttern Enten. Auf dem Marktplatz steht ein Denkmal für die Kriegstoten von 1866 und 1870/71. Es existiert nur noch der Sockel, der Rest fehlt.

Das Heimatmuseum in Marktnähe zeigt Exponate zur Ortsgeschichte. Außerdem gibt es eine Sammlung historischer Kutschfahrzeuge, darunter die letzte Postkutsche Müllroses und ein Leichenwagen, der noch bis Anfang der 1960er Jahre in Benutzung war. Initiator des Ganzen war laut Gedenktafel der Heimatforscher Franz Friedrich Herrmann Trebbin.

Unser Weg führt vorbei am Westufer des Großen Müllroser Sees in Richtung Süden, durch Mixdorf, dann weiter nach Kupferhammer.

1553 errichtete der Beeskower Schmied Antonius Ott am Unterlauf der Schlaube einen Betrieb, der Altkupfer einschmolz. Später wurde Raseneisenstein verarbeitet. Der Betrieb vergrößerte sich und brannte im Dreißigjährigen Krieg herunter. Zusätzlich wurde eine Walkmühle eingerichtet für die Verarbeitung von Tuchen aus Beeskow.

1734 war das Metall Kupfer zu teuer geworden, der Kupferhammer wurde stillgelegt, und man stellte vollständig um auf Tuchfabrikation. Im Ort standen nunmehr eine Wollspinnerei, eine Wollfabrik, eine Färberei, die Walkmühle, eine Schneidemühle, ein Kontor, eine Schmiede und eine Tischlerei. Nebenher wurde Wein angebaut. Ende des 19. Jahrhunderts endete auch dies. Aus der Mühle wurde erst eine Försterei und danach eine heute noch existierende Gastwirtschaft.

Fischerhaus im Schlaubetal

FUNDSTÜCK: In Siehdichum, nahe dem Forsthaus, liegt mitten im Wald auf einer Höhe ein kleiner Friedhof. Er wurde angelegt vom Königlichen Forstmeister Wilhelm Reuter (1836–1913), der hier seine erste Frau Marie begrub.

Der Förster hat sich um die Region verdient gemacht: Von einer Amerika-Reise brachte er Stecklinge von Roteichen mit und pflanzte sie. Heute sind das stattliche Bäume. Er brach mit der Monokultur des Kiefernwaldes, indem er neben Roteichen auch Douglasien, Lärchen, Rotbuchen und Weymouthskiefern anbauen ließ. In die Gewässer ließ er Zander setzen, die sich nicht so räuberisch verhalten wie der bis dahin bevorzugte Hecht, auch ihr Fleisch gilt als besonders delikat.

Der Waldfriedhof wurde weiter genutzt. Reuters Nachfolger im Forstamt ließen sich mitsamt ihren Ehefrauen dort beisetzen. Außerdem gibt es die Gräber von zwei Cottbusser Unternehmern; in der Weltwirtschaftskrise von 1929 gingen sie bankrott, hier im Schlaubetal nahmen sie sich das Leben.

Zähe Vorurteile behaupten, der westliche Teil der Mark Brandenburg sei erheblich wohlhabender und anmutiger als der östliche. Wie viele Vorurteile stoßen sich auch diese an der Realität. Das Schlaubetal gehört mit einiger Sicherheit zu den attraktivsten brandenburgischen Landschaften: reiche

Friedhof in Siehdichum, Sumpfgebiet hinter Kupferhammer, Grab des Forstmeisters Wilhelm Reuter

Kiefern- und Buchenwälder, Traubeneichenbestände, Erlenbrüche. Die Region ist hügelig. In kleinen Schluchten liegen Seen, miteinander verbunden durch die Schlaube. Feuchtwiesen wechseln mit Heideflächen. Anmutig windet sich der Weg durch die Landschaft. Seltene Tiere und Pflanzen sind zu finden, wie Eisvögel, Fisch- und Seeadler, dazu Orchideenarten wie Frauenschuh und Korallenwurz.

Über eine Brücke, vorbei am Hammersee und durch dichten Mischwald gelangen wir nach Dammendorf. Die Ortschaft wendischen Ursprungs gehörte unter anderem dem Johanniterorden. Wichtig war sie als Standort von Heidereitern, die in dieser weitläufigen Region die Grenzen schützen und die Steuern eintreiben mussten. Der Dreißigjährige Krieg zerstörte alles. Jahrzehntelang war Dammendorf Wüstung. Im 18. Jahrhundert entstand eine Ziegelei. Anfang des 19. Jahrhunderts wandelte sich die Heidereiterei in einen preußischen Forstbetrieb. Die Ortschaft wuchs, erhielt eine Schule, ein Teerofen ging in Betrieb. Der Neubau des Forsthauses verlor mit dem Ende des Zweiten Weltkrieges seine amtlichen Funktionen, fortan fanden hier Staatsjagden für Diplomaten und SED-Obere statt. Erst seit 1989 verfügt Dammendorf wieder über eine Revierförsterei. Ein Heimatverein hat Informationstafeln aufgestellt, und ein Lehrpfad gibt Auskunft über die Geschichte der alten Gebäude. Die ehemalige Schule beherbergt ein Heidereiterei- und Forstmuseum.

Forstamtsgebäude und Heimat- und Forstmuseum Dammendorf, Obsternte am Weg bei Treppeln

In der Umgebung Dammendorfs liegen mehrere Binnengewässer: Oelsener See, Hammersee, Kleiner Schinkensee, Großer Schinkensee, Langersee, Großer und Kleiner Treppelsee. Dazu die Flüsse: Oelse, Schlaube und Demnitz. Dazu Moore und Sümpfe. An der Oelse standen einst Mühlen, heute tragen Ausflugslokale deren Namen.

Chossewitz. Der kleine Ort hat eine hübsche Fachwerkkirche. Durch Waldgebiete und Heidelandschaft geht der Weg weiter über Erhebungen und Senken. Jetzt im Herbst wachsen hier Pilze, die Radtaschen können die Funde kaum fassen. Über Treppeln und Kobbeln geht es weiter nach Möbiskruge, das bereits zu Neuzelle gehört.

Der Flecken Neuzelle liegt an einer links der Oder verlaufenden alten Handelsstraße, die von Frankfurt zur Niederlausitz führte. Hineingestellt in eine meliorisierte und agrarisch genutzte Schwemmlandschaft, mit ihrer aus Protestantismus, Armut und Eintönigkeit gemachten Melancholie, bietet Neuzelle den völlig unvermuteten Anblick einer überquellenden katholischen Barockarchitektur von fast südlicher Prägung. Sie resultiert daher, dass dies einst mitsamt der Lausitz zur Wenzelskrone gehörte. Bereits die Gründung 1268 stand im Zeichen Böhmens. Heinrich der Erlauchte, Markgraf von Meißen, widmete das Zisterzienserkloster dem Seelenheil seiner verstorbenen ersten Gemahlin, die eine Tochter des Přemislyden Ottokar war. 1367 erwarb Böhmenkönig Karl IV. das Territorium in aller Form.

Pilzfund in Dammendorf, Klosterkirche Neuzelle, Kirche von Chossewitz

Die architektonische und künstlerische Restauration nach den Verheerungen des Dreißigjährigen Krieges erfolgte relativ schnell. Sie fand übereinstimmend statt mit jener in Böhmen. Die zahlreich dort tätigen italienischen Architekten, Innenausstatter und Bildhauer, gekommen auf Zuruf der neuen, oft italienisch-stämmigen Aristokratie im Land, nahmen manchmal ihren Weg bis nach Neuzelle. Die spröde Backsteingotik, ursprünglicher Baustil dieser wie aller Zisterzienser-Abteien Brandenburgs, wurde jetzt völlig zugedeckt von den Materialien und Dekors eines neuen Manierismus. Unter dem konfessionellen Schutz der katholischen Königsherrschaft in Dresden verblieb Neuzelle als nordöstlicher Vorposten der Gegenreformation in einer rundum reformierten Landschaft.

Das Ende der Zisterzienser an der Oder war eine Folge der napoleonischen Kriege. Das Königreich Sachsen verlor zusammen mit dem Korsen. Durch den Wiener Frieden von 1815 fiel Neuzelle an Preußen, das Kloster wurde durch Kabinettsorder aufgelöst, das Gotteshaus dient nun als katholische Gemeindekirche. In die übrigen Gebäude zog eine Lehrerbildungsanstalt. Zu Zeiten der DDR befand sich hier ein Priesterseminar.

1996 kam es zur Gründung einer öffentlich-rechtlichen Stiftung, die sich der Restauration des vernachlässigten Ensembles annahm. Viele Arbeiten sind inzwischen abgeschlossen. Die Klosteranlage erstrahlt wieder im alten Glanz. Die dreischiffige Hallenkirche blieb in ihrer gotischen Raumstruktur

Klosterbrauerei und Turm der Klosterkirche, Klostergebäude und Barockgarten in Neuzelle

unverändert, mit eng gesetzten Pfeilern und schmalen Seitenschiffen. Es gibt den spätgotischen Kreuzgang und den wiederhergestellten barocken Klostergarten. In den Sommermonaten finden Konzerte und Ausstellungen statt. 2009 eröffnete das Klostermuseum.

Viele mittelalterliche Orden unterhielten florierende Brauereien, so auch die Zisterzienser in Neuzelle. Der Betrieb überlebte die Säkularisierung und produziert bis zum heutigen Tag, bevorzugt ein untergäriges Dunkelbier namens »Schwarzer Abt«. Seine Rezeptur widerspricht dem deutschen Reinheitsgebot, weswegen ihm die offizielle Bezeichnung »Bier« lange verwehrt blieb. Der Rechtsstreit darum, bekannt als Brandenburger Bierkrieg, ging durch allerlei Instanzen. Am Ende wurde entschieden: Der »Schwarze Abt« darf Bier heißen. Im zugehörigen Klosterkeller wird es reichlich ausgeschenkt, zu gutem Essen.

ADRESSEN ZUR TOUR

**Heidereiter- und Forstmuseum Dammendorf
und Heimatverein Dammendorf e.V.**
Kleiner Weg 2
15299 Grunow-Dammendorf
Infos unter Telefon: 0172-3144236
heidereiter@gmx.de

Heimatmuseum Müllrose
Haus des Gastes
Kietz 5
15299 Müllrose
Telefon: 033606-77290
museum@hausdesgastes-muellrose.de

www.schlaubetal-tourismus.de
Öffnungszeiten und Eintrittspreise
telefonisch erfragen

Dorfkirche Möbiskruge
Parkstraße 3
15898 Neuzelle-Möbiskruge
Infos unter 033652-7859

Kloster Neuzelle
Stiftsplatz 7
15898 Neuzelle
Telefon: 033652-6102
tourismus@neuzelle.de
www.tourismus.neuzelle.de
www.klosterneuzelle.de
Öffnungszeiten:
Kreuzgang und Klostermuseum
Museum Himmlisches Theater
April bis Oktober 10–18 Uhr
November bis März 10–16 Uhr
Stiftskirche St. Marien
Montag bis Sonntag 13–15.30 Uhr
Evangelische Kirche zum Heiligen Kreuz
Januar bis Februar geschlossen
Klostergarten
Mai bis Oktober 10–20 Uhr
November bis April 10–16 Uhr
Eintritt
Kreuzgang und Klostermuseum
4 Euro, ermäßigt 3 Euro, Familien Euro,
Gruppen ab 15 Pers. 3 Euro
Museum Himmlisches Theater
5 Euro, ermäßigt 4 Euro, Familien 8 Euro,
Gruppen ab 15 Pers. 4 Euro
beides kombiniert 8 Euro, ermäßigt
6 Euro, Familien 14 Euro, Gruppen ab
15 Pers. 6 Euro
Samstags, Sonntags Klosterführungen
auch für Einzelpersonen um 14 Uhr

»Klosterklause« Neuzelle
Brauhausplatz 4
15898 Neuzelle
Telefon: 033652-390
klosterklause@t-online.de
www.Klosterklause Neuzelle.de
Öffnungszeiten:
November bis April
Dienstag bis Sonntag ab 12 Uhr
Mai bis Oktober täglich ab 11.30 Uhr

Kloster Neuzelle
Klosterbrauerei Neuzelle
Brauhausplatz 1
15898 Neuzelle
Telefon: 033652-8100
fritsche@klosterbrauerei.com
www.klosterbrauerei.com

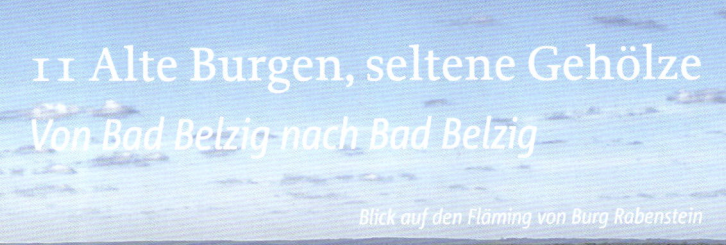

11 Alte Burgen, seltene Gehölze

Von Bad Belzig nach Bad Belzig

Blick auf den Fläming von Burg Rabenstein

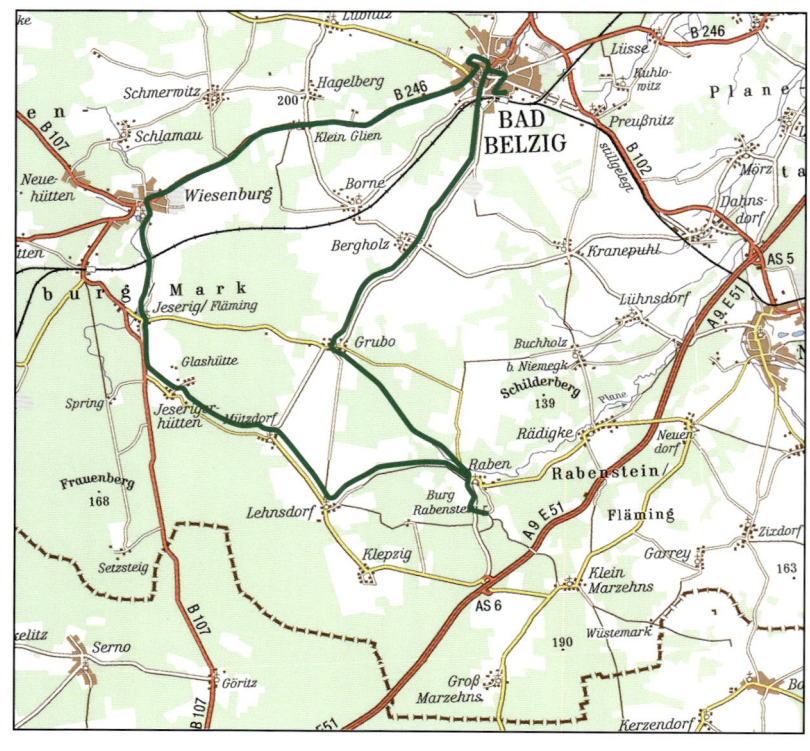

Wegverlauf der Tour

TOUR KOMPAKT

Anreise: Regionalexpress RE 7 stündlich nach Dessau

Start: Bad Belzig

Ziel: Bad Belzig

Abreise: Bahnhof Belzig Regionalbahn R 7 stündlich nach Berlin

Streckenlänge: 50 km

Wegqualität: meist asphaltiert, einige Stücke unbefestigt, kurzes Stück Waldweg vor Lehndorf Kopfsteinpflaster, kurze Abschnitte mäßig befahrener Straße

Streckenprofil: Steigungen und Gefälle über den gesamten Weg

Verlauf: Bad Belzig / Bergholz / Grubo / Raben / Burg Rabenstein / Lehndorf / Mützdorf / Jeserigerhütten / Jeserig / Wiesenburg / Klein Glien / Bad Belzig

Kartenempfehlung: Fahrradkarte Hoher Fläming, Havelland vom Pietruska Verlag

Besichtigung: Bad Belzig mit Burg Eisenhardt, historische Altstadt, Rathaus, Marienkirche, Reißigerhaus, Roger Loewig Haus, Feldsteinkirche Grubo, Burg Rabenstein, Feldsteinkirche Jeserig

Einkehrmöglickeit: Hotel und Restaurant »Guthof Glien« Klein Glien

Beschilderung: Radwegbeschilderung (grün/weiß), zusätzlich von Bad Belzig bis Burg Rabenstein Tour Brandenburg

Mit der Regionalbahn fahren wir bis Bad Belzig. Der heutige Weg soll einem Rundkurs durch den Hohen Fläming folgen. Belzig (den Zusatz »Bad« trägt es erst seit 2010) begrüßt mit goldenem Spätsommerlicht. Die Strecke vom Bahnhof in die historische Altstadt führt durch verwinkelte Gassen mit Kopfsteinpflaster. Ein gut gestaltetes Informationssystem vermerkt Fakten zur Stadtgeschichte, liebevoll restaurierte Fachwerkhäuser flankieren den Marktplatz mit seinen Cafés, Restaurants und Geschäften. Das Rathaus ist ein eindrucksvoller Renaissancebau.

BELZIG ist mehr als tausend Jahre alt. Gesiedelt wurde hier zuvor schon, in der Bronzezeit; im 9. Jahrhundert bauten slawische Heveller eine Burg. Eine Urkunde Kaiser Ottos III. erwähnt 997 ein »Burgwadium Belizi«. Das Geschlecht der Grafen von Belzig erlosch im 13. Jahrhundert, ihr Land fiel unter sächsische Herrschaft, im gleichen Jahrhundert brannten Burg und Siedlung nieder. Beides wurde neu errichtet, die Burg erhielt vom sächsichen Kurfürsten Ernst

Altstadt von Bad Belzig

den Namen Eisenhardt, was hier meint: hart gegen Eisen, also uneinnehmbar. 1530 predigte Martin Luther in der Marienkirche. Der Dreißigjährige Krieg zerstörte die Stadt, und die ohnehin dünn besiedelte Gegend entvölkerte sich fast völlig, der Wiederaufbau brauchte viel Zeit. Im Ergebnis des Wiener Kongresses wurde Belzig 1815 preußisch. Die Stadt wuchs, es gab Eingemeindungen, 1993 wurde sie Verwaltungszentrum des Großkreises Potsdam-Mittelmark. Die Erschließung einer Quelle mit Sole begann, schließlich eröffnete eine Therme. Man ist staatlich anerkannter Luftkurort und Kurbad.

Das Rathaus ist geöffnet. Die Touristeninformation hält reichlich Karten und Prospekte bereit. Eine schlagfertige ältere Dame erklärt Ortsfremden die urbanen Sehenswürdigkeiten und beschreibt den Weg zur »Zugspitze des Fläming«. Sie meint den Hagelberg, höchste Erhebung nahebei und mit 200,24 Metern eben ein Zehntel so hoch wie die alpine Zugspitze.

Die romanische Marienkirche steht etwas abseits vom Marktplatz. Der Komponist und Kapellmeister Carl Gottlieb Reißiger wurde nahebei geboren, später war er in Dresden Nachfolger Carl Maria von Webers als Hofkomponist. Er schrieb Messen, Motetten, Lieder und Opern, er brachte die Uraufführung von Richard Wagners »Rienzi« heraus.

Burg Eisenhardt existiert seit dem 9. Jahrhundert. Eigner waren anfangs die Askanier, der Besitz wechselte dann mehrfach, die Wettiner übernahmen

Fassadendetail des Rathauses, Eingang des Rathauses, Markt

im 15. Jahrhundert. Kurfürst Ernst beauftragte seinen Landesbaumeister Arnold von Westfalen mit dem Umbau zur Festung. Die Fortifikation konnte nicht viel ausrichten gegen die Einnahme und die Zerstörung durch schwedische Truppen im Dreißigjährigen Krieg. In die wiederhergestellte Anlage zog 1815 das Landratsamt. Preußenkönig Friedrich Wilhelm IV. sorgte für weitere Sanierungen. Heute beherbergt sie das Heimatmuseum und ein Hotel, der 24 Meter hohe Bergfried ermöglicht einen eindrucksvollen Blick auf Belzig.

Wir befinden uns auf einem Teilstück des Radweges Tour Brandenburg. Kurz vor der Stadtgrenze weist ein unscheinbares Schild hin auf das Roger-Loewig-Museum.

FUNDSTÜCK: Eine Daueraustellung zeigt seit 2009 Arbeiten des Dichters und Bildkünstlers Roger Loewig. Er wurde 1930 in Schlesien geboren und schlug sich nach seiner Flucht 1945 zunächst als Land- und Forstarbeiter in der Lausitz durch. 1953 beendete er seine Ausbildung als Lehrer für Russisch, Deutsch und Geschichte. Zehn Jahre unterrichtete er an Berliner Schulen. Nebenher, als Autodidakt, malte und zeichnete er, außerdem entstanden Gedichte und Prosatexte. 1963 wurde er verhaftet, man warf ihm staatsgefährdende Hetze vor, Anlass war eine private Ausstellung mit Bildern zum Bau der Berliner Mauer. Seine

Radweg hinter Belzig, Roger Loewig Haus, Blick auf Bergholz

Arbeiten wurden beschlagnahmt, etliches wurde vernichtet. 1964 sorgte die Bundesrepublik für seine Freilassung. Nunmehr arbeitete er, unter schwierigen Bedingungen, als freischaffender Künstler, weiterhin war er Repressalien durch DDR-Behörden ausgesetzt. Dann, 1972, konnte er den ostdeutschen Staat verlassen und lebte fortan in West-Berlin, in einer Atelierwohnung im Märkischen Viertel, mit Blick auf die Mauer und auf das märkische Umland. 1992 stellte er als erster deutscher Künstler im vormaligen Vernichtungslager Auschwitz aus.

Sein Œuvre umfasst Gemälde, Zeichnungen, Lithografien, Radierungen, dazu Gedichte und Prosa. Auch im deutschen Westen hielt er sich abseits vom großen Kunstbetrieb, vielleicht hat er ihn nie gesucht. Er war hochsensibel, kontaktarm und scheu, möglicherweise als Folge seiner Inhaftierung. Die Inhalte seiner Bilder sind gegenständlich, mit vorsichtigen Exkursen ins Surrealistische, Landschaften kommen zahlreich vor, den Fläming, den er nach dem Mauerfall aufsuchen konnte, hat er gerne wiedergegeben, im Bild wie im Wort. »Im Flämingland auf meinem Hügel / bin ich die alte Mühle ohne Wind / Ich bin ein Fisch in Aschezeilen ...«

Er starb 1997. Freunde kümmerten sich um seinen Nachlass und gründeten die Roger Loewig Gesellschaft, der das Museum in Bad Belzig zu danken ist.

Kirche Grubo, Aufgang zu Burg Rabenstein, Silhouette von Raben

Hoher und Niederer Fläming bilden einen eiszeitlich entstandenen Höhenzug von etwa 100 Kilometern Länge. Im Norden bildet das Baruther Urstromtal die Grenze, im Süden das Elbtal. Der Name leitet sich her von den Flamen, die, gemeinsam mit Zuwanderern aus Altmark und Harz, im 12. Jahrhundert hier siedelten. Sie brachten Erfahrungen mit im Deichbau, hilfreich bei den Sumpflandschaften Brandenburgs. Die hiesige Tracht und ein eigener Dialekt mit niederdeutschen Sprachresten bezeugen die flämischen Wurzeln. Jahrhundertelang verlief entlang des Fläming die Grenze zwischen der Mark Brandenburg und Kursachsen.

Die Gegend ist arm an Wasser und reich an Gestein. Findlinge aus der Eiszeit dienten als Baumaterial für Kirchen, Burgen und Stadtmauern. Es gibt viele kleine Täler, Rummeln genannt, die bekannteste liegt zwischen Bergholz und Grubo. Etwa zur Hälfte bedeckt den Fläming Wald, der Rest trägt Wiesen und Äcker. Mit Glück lassen sich hier Großtrappen beobachten, etwa ein Meter hohe Kranichvögel, die sich überwiegend am Boden bewegen.

Der Weg führt über flache Erhebungen. Die Landschaft ist weit. Aus dem Horizont wachsen die Türme der Feldsteinkirche von Bergholz. Auch Grubo besitzt ein gut restauriertes Gotteshaus, mit langgestrecktem Schiff und schöner Apsis, es steht am Dorfanger, inmitten des Friedhofs.

Wir biegen ab. Vorbei an einer Ziegenweide fahren wir in Richtung Raben. Der Wiese folgt Wald, Findlinge liegen umher, manche besprüht mit

Bergfried von Burg Rabenstein, Innenhof der Burg, stillgelegtes Fahrrad

Graffiti. Es riecht nach Moos und Pilzen. Der Kirchturm von Raben mit seinem Fachwerkaufsatz leuchtet in der Sonne. Rechts davon ragt der Bergfried von Burg Rabenstein aus dem Wald. Eine steile Holztreppe führt hinauf zur Burg, manche der Stufen sind so faulig, dass sie brechen.

Die aus Feldsteinen gebaute Fortifikation erhebt sich auf dem 153 Meter hohen Steilen Hagen. Seit dem 13. Jahrhundert wechselte sie ständig die Besitzer, zuletzt gehörte sie der Fürstenfamilie von Anhalt-Zerbst. Gustav Adolf von Schweden und Zar Peter I. waren hier Gäste, bis 1945 nutzte sie dann eine Försterei samt Forstschule, nach den 1950er Jahren war sie eine Jugendherberge. Heute gibt es hier eine rustikale Herberge mit Ausschank. Auf den Holzbänken im Burghof hocken beleibte Männer mit fransigen Bärten, sie tragen Ledermontur, auf den Tischen liegen ihre Schutzhelme. Die schweren Motorräder vor der Burg gehören ihnen. Bei gutem Wetter ist der Fläming ein beliebtes Ausflugsziel für Motorbiker.

Den Innenhof umgeben Wirtschaftgebäude, Rittersaal und Torhaus. Regelmäßig finden Mittelalterspektakel statt. In den Sommermonaten veranstaltet eine Falknerei Flugvorführungen. Die Burg wird gerne als Filmkulisse genutzt, 1972 drehte die DEFA hier, nach einem Willibald-Alexis-Roman, »Die Hosen des Ritters von Bredow« mit Rolf Hoppe und Armin Müller-Stahl.

Wir besehen die Folterkammer im Torhaus und besteigen den Bergfried, wo eine kleine Ausstellung stattfindet. Heute herrscht strahlendes Hoch-

Landschaft bei Jeserig, Aufgang zu Schloss Wiesenburg, Gedenkstein für Herman Boßdorf

druckwetter mit guter Fernsicht, der Ausblick auf die Wälder des Fläming ist beeindruckend.

Wir fahren zu einer Wegkreuzung und biegen ab in den Wald. Wir sehen ein Tier, das ein verwilderter Hund sein könnte, vielleicht aber auch ein Wolf: Der Süden Brandenburgs ist wieder Heimat dieser wilden Caniden. Eine Kopfsteinpflasterstraße führt nach Lehndorf, einer verschlafenen Ortschaft. Ein Weiher, ein paar Häuser, eine Feldsteinkirche. Der nächste Ort heißt Mützdorf. Auf dem Anger grasen Pferde. Die Kirche hier ist backsteinern.

Am Rand von Jeserig steht eine alte Glashütte. Rohstoffe für die Glasherstellung, also Holz und Sand, fanden sich im Fläming zur Genüge. Die Hütte arbeitete seit 1830, 13 Jahre später brannte sie ab, Versuche zur Wiederbelebung scheiterten. Glas wird heute anderswo im Fläming produziert, voran in Baruth.

In Jeserigs Ortsteil Brandtsheide verkauft das freundliche Landhotel über seinen Hofladen regionale Spezialitäten. Wir kosten Wurst und Kräuterlikör. Auf der feldsteinernen Dorfkirche liegt das Licht der Nachmittagssonne. Die Wirtschaftsgebäude in ihren Bauerngärten sind umwachsen von Wein.

Am Eingang von Wiesenburg steht eine stattliche Kirche, das Tor zum Kirchhof ist Mahnmal für die Toten im Ersten Weltkrieg. Um den Sakralbau gruppieren sich hübsche Häuser, manche sind Seniorenresidenzen. Ein

Innenhof der Wiesenburg

hochgestellter Findling erinnert an den in Wiesenburg geborenen Dichter Hermann Boßdorf (1877–1921), der vorwiegend niederdeutsch schrieb und es dadurch zu regionaler Prominenz brachte. Sie hält bis heute. Seine Komödien zählen zu den Klassikern des durch Fernsehübertragungen populären Hamburger Ohnsorg-Theaters.

Die Wiesenburger Schlossgeschichte reicht zurück bis ins 12. Jahrhundert. Ursprung war eine Burg, Reste davon erhielten sich. Häufig wechselten auch hier die Besitzer, im Dreißigjährigen Krieg wurde Wiesenburg völlig zerstört.

Im 18. Jahrhundert begann der Wiederaufbau. Neuer Eigner war der königlich-sächsische Kammerjunker, Richter und Steuereintreiber Adam Friedrich August von Watzdorf, ein anderes Mitglied seiner Familie kümmerte sich um den Schlosspark, beraten von dem Förster Carl Gebbers. Nach dem Vorbild englischer Landschaftsparks entstanden Blickachsen, Terrassen, künstliche Hügel, Wege und Teiche, den Pleasureground bildeten Teppichbeete und Formgehölze. Im hinteren Teil, Tiergarten genannt, wuchsen seltene Gehölze wie Magnolienbäume und Rhododendren. Eine Gärtnerei kümmert sich bis heute um die Pflanzlinge.

Nach dem letzten Krieg zog eine Internatsschule ins Schloss. Sie blieb bis 1992. Schloss und Park verwahrlosten danach, erst 1996 begannen Restaurierungsarbeiten. 2003 waren sie abgeschlossen.

Der Eintritt in den Schlosshof erfolgt über das imposante Eingangstor. Der Burgturm leuchtet in der Abendsonne. Eine private Schlosswohngemeinschaft verwaltet insgesamt 24 exlusiv ausgestattete Appartements; wer es sich leisten kann, nutzt den hübschen Neorenaissancebau als Wochenendbleibe oder exquisiten Alterssitz.

Der Tag neigt sich. Wir kehren zurück nach Bad Belzig. Das Holzkreuz auf dem Hagelberg erinnert an eine Schlacht: 1813 schlugen hier preußische Soldaten und Landwehrangehörige zusammen mit russischen Kosaken ein zehntausend Mann starkes Franzosenkorps. Im Gutshof Glien nahe dem Hagelsberg essen wir zu Abend.

ADRESSEN ZUR TOUR

Museum Burg Eisenhardt
Wittenberger Straße 14
14806 Bad Belzig
Telefon 033841-42461
Burgenzeit@web.de
www.burgeisenhardt.de
Öffnungszeiten: Mittwoch bis Sonntag sowie feiertags 10–17 Uhr
Eintritt Museum inkl. Bergfried
Erwachsene 2,50 Euro, Ermäßigt 1,50 Euro, Familienkarte 6,50 Euro
Gruppen ab 10 Personen 2,00 Euro je Erwachsene, ermäßigt 1,00 Euro
Führungen (zzgl. Eintritt) Burg, Museum, Stadt Bad Belzig (Gruppenstärke maximal 50 Personen) wochentags 20,00 Euro
Wochenende u. an Feiertagen 40,00 Euro

Hofladen – Chocolaterie Burg Eisenhardt
Telefon: 0151-42867224
Öffnungszeiten: April bis September
Mittwoch bis Sonntag: 11–19 Uhr
Montag, Dienstag geschlossen
Oktober bis März
Donnerstag bis Sonntag: 12–18 Uhr
Montag bis Mittwoch geschlossen

Rathaus am Marktplatz
Wiesenburger Straße 6
14806 Bad Belzig
Telefon: 033841-94-0
info@bad-belzig.de
www.bad-belzig.de

St. Marien-Kirche Hoher Fläming Bad Belzig
Kirchplatz 3
14806 Bad Belzig
Telefon: 033841-31896
pfarramt.badbelzig@ekmb.de

Reißigerhaus
Kirchplatz
14806 Bad Belzig

Roger Loewig Haus
Flämingweg 6
14806 Bad Belzig
Telefon: 033841-42167
Öffnungszeiten auf Anfrage
museum@roger-loewig.de
www.roger-loewig.de

Burg Rabenstein
Zur Burg 49
14823 Rabenstein / Fläming
Telefon: 0162-7767341
kontakt@ralf-der-rabe.de
www.burgrabenstein.de
Öffnungszeiten und Preise: auf Anfrage

Coconat Café Gutshof Glien
Klein Glien 25
14806 Bad Belzig
Geöffnet Samstag, Sonntag 12–18 Uhr
Bar Samstag bis 23 Uhr
Telefon: 033841-448299
workation@coconat-space.com
www.coconat-space.com/de

12 Die Wiege der Mark

Von Werder nach Brandenburg

Wiesen bei Schmergow

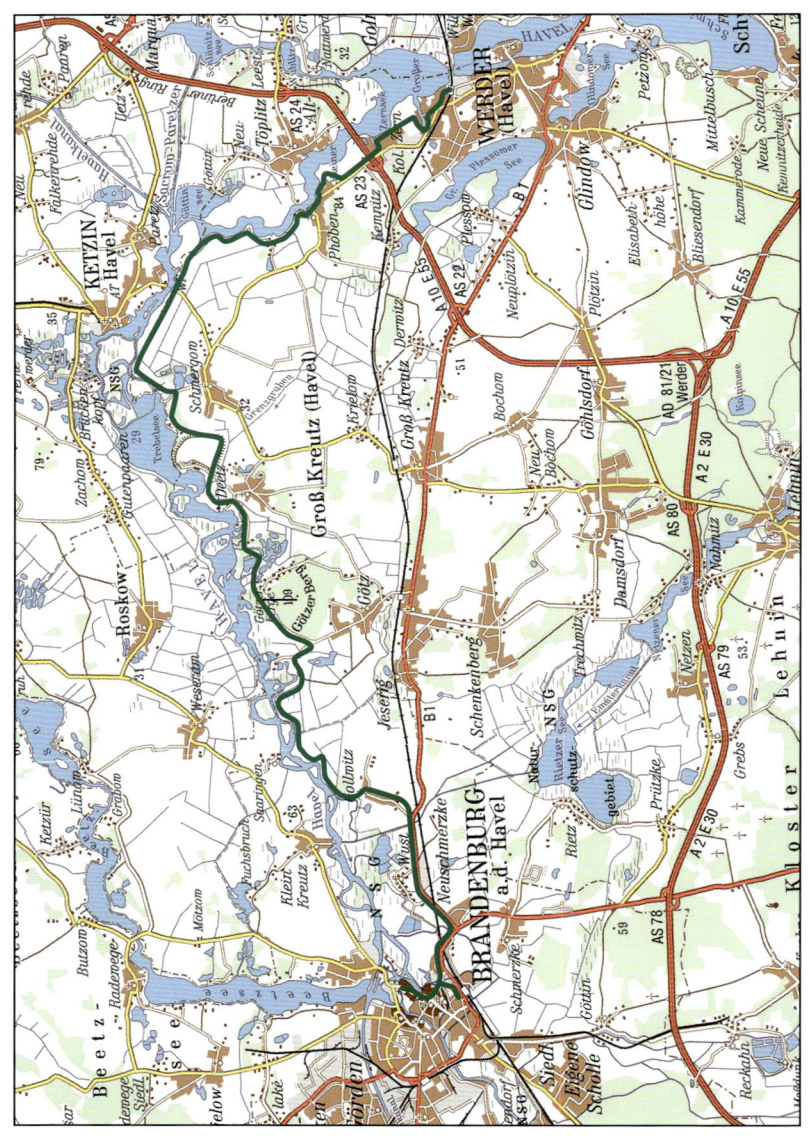

—— Wegverlauf der Tour

TOUR KOMPAKT

Anreise: mit der Regionalbahn R 1 halbstündlich Richtung Brandenburg oder Magdeburg bis Werder

Start: Bahnhof Werder

Ziel: Brandenburg

Abreise: Bahnhof Brandenburg mit der Regionalbahn R 1 halbstündlich nach Berlin

Streckenlänge: 50 km

Wegqualität: meist asphaltiert

Streckenprofil: kaum Steigungen und Gefälle

Verlauf: Werder / Kolonie / Zern / Phöben / Schmergow / Deetz / Gollwitz / Brandenburg

Kartenempfehlung: Fahrradkarte Hoher Fläming, Havelland vom Pietruska Verlag

Besichtigung: Werder mit Altstadt, Obstbaumuseum, Phöben Dorfkirche, Dorfkirche Schmergow, Aussichtsurm Götzer Berge, Schloss Gollwitz, Brandenburg Altstadt, Domquartier Brandenburg

Bademöglichkeiten: in der Havel bei Phöben und bei Deetz direkt am Weg

Einkehrmöglichkeit: Restaurant »An der Dominsel« in Brandenburg

Beschilderung: Radwegbeschilderung (grün/weiß), zusätzlich Havelradweg

Wir fahren mit der Regionalbahn nach Werder. Werder als Ortsname ist in der Mark häufig. Bezeichnet wird allemal eine Insel oder eine Erhebung in einem Feuchtgebiet. Unser Werder liegt in der Zauche, einer durch die letzte Eiszeit geprägten Landschaft, Schwielowsee, Glindower See, Großer Plessower See und Großer Zernsee umgeben es. Bekannt ist die Stadt wegen ihres jährlichen Baumblütenfestes, einem der größten Volksvergnügen in Deutschland und einer überaus trinkseligen Angelegenheit. Begangen wird die Obstbaumblüte. Der Obstanbau geht auf Mönche des Klosters Lehnin zurück, dem der Ort lange Zeit gehörte. Zur Stadt geworden, erweiterte sich Werder durch umliegende Ortschaften wie Petzow mit seiner von Friedrich Schinkel erbauten Kirche, seinem Schloss und seinem von Lenné gestalteten Park.

Es geht vorbei an verfallenen Villen, die bis 1994 von russischen Militärs bewohnt wurden. Wir verlassen die Stadt. Hinter Pferdeweiden treffen wir auf einen Weinberg: Auf 0,5 Hektar werden in Phöben die Rebsorten Dornfelder, Regent und Weißburgunder angebaut.

Pferdeweide bei Phöben, Kirche in Phöben, Havelufer in Phöben

Der Name Phöben klingt fremd, vermutlich wurde er aus dem Französischen übernommen, Vorbild dürfte Febvin-Palfart in der Normandie gewesen sein. Es gibt viele Bodendenkmale, aus dem Paläolithikum, aus römischer Zeit und von Slawen-Siedlungen im Mittelalter.

1925 errichtete der Architekt Wilhelm Büning für den niederländischen Komponisten Bouke Annes Visser das Wiesengut Phöben. Es besteht aus mehreren Gebäuden, dazu gehört das Wohnhaus, ein Bootshaus, eine Garage mit Taubenhaus, ein Inspektorenhaus, Stall- und Speichergebäude sowie eine Gartenanlage. Manches wird noch genutzt, das meiste verfällt. Büning (1881–1958) studierte in München, Berlin und Dresden. 1909 ließ er sich in Berlin nieder und entwarf hier unter anderem die Weiße Stadt in Berlin-Reinickendorf und die Siedlung Tile-Brügge-Weg in Berlin-Tegel. Viele seiner Arbeiten stehen unter Denkmalschutz. Im Juni 1945 begann er, gemeinsam mit Max Taut, den Wiederaufbau der Architekturabteilung an der von Karl Hofer geleiteten Hochschule für bildende Künste. Das Studium wurde neu strukturiert, Büning setzte sich dafür ein, Begabte auch ohne Abitur zuzulassen.

Phöben ist Reitsportzentrum. Auf ausgedehnten Weiden der Umgebung werden Pferde gehalten. Die Landschaft wird weitläufig. Beidseits des Weges liegen ausgedehnte Feuchtwiesen, Rastplatz für Zugvögel, vor allem Graugänse und Kronenkraniche. Kühe grasen. In großen Pfützen spiegelt sich die Sonne. Auf der Havel ziehen Schiffe vorbei.

Blick auf den Weinberg von Phöben

Hinter Apfelplantagen beginnt der Ort Schmergow. Das Ortswappen zeigt eine Morchel, der Ortsname slawischen Ursprungs bedeutet eben dies: Morchelort. Auf dem Kirchhof stehen Grabsteine aus dem 18. Jahrhundert. Neben der denkmalgeschützten Kirche steht eine alte Schmiede. Ein Gebäude zeigt am Eingang rostige Fahnenstangen, an der Fassade ein unbeholfenes Porträt Karl Liebknechts, dazu zwei Reliefs propagandistischen Inhalts. Ein Schriftzug teilt mit, dass eine 1953 gegründete LPG den Namen des Politikers trug. Reminiszenzen an eine vergangene Epoche.

Der Weg führt vorbei an Deetz. Auf eine Bauschuttdeponie folgen Wiesenauen mit Heidschnucken. Nahe Deetz liegen die Götzer Berge, wo, in 108 Metern Höhe (immerhin), ein neuerrichteter Aussichtsturm steht. Von den hiesigen Ziegeleien geht die älteste auf das Kloster Lehnin zurück, die Mehrzahl entstand im 19. Jahrhundert. Ton wurde rundum gestochen. Zum Weitertransport existierte ein spezieller Hafen an der Havel. Die Ziegelproduktion endete in den 1950er Jahren, die Anlagen wurden abgerissen. Am Wegrand steht noch eine Lore, im Wald liegt eine verrostete Drehbrücke, und in die Tonstiche ist Grundwasser gelaufen.

Der 1375 erstmals erwähnte Ort Gollwitz liegt inmitten des wiesenreichen Zauchelländer Niederungsgebiets, nahe an einer Flussabzweigung, die »Krumme Havel« heißt. Archäologische Funde belegen Siedlungen in der Steinzeit. Das Gut hier hat seine eigene Geschichte.

Kirche in Schmergow, Havelufer bei Schmergow, Fassade der ehemaligen LPG in Schmergow

FUNDSTÜCK: Das Gut gehörte wechselnden Adelsfamilien: den von Rochows, den von Goernes und denen von dem Hagen. Das Schloss aus dem 17. Jahrhundert brannte 1929 ab, wurde wieder aufgebaut und danach mehrmals verändert. Der Garten verwandelte sich in einen barocken Park mit Sandsteinplastiken, einem Pavillon, einem Teehaus und einem Eiskeller. Anfang des 19. Jahrhunderts wurde er umgestaltet zu einem Landschaftsgarten, mit »Lottes Liebe«, einem Sitzplatz für Charlotte von dem Hagen. Die letzten Besitzer, die von Rochows, wurden 1945 enteignet. Schloss Gollwitz diente fortan als Schule, als Kindergarten, als Schulungsheim. Nach der Wiedervereinigung begann ein Streit: Die Erben der Rochows und auch die Gemeinde Gollwitz meldeten Besitzansprüche an. 1992 gingen Schloss und Grundstück an den Landkreis Potsdam-Mittelmark. Das Volksbildungswerk übernahm, zog sich aber 1994 wieder zurück. 1997 sollten sechzig jüdische Übersiedler aus Russland hier untergebracht werden, die Gollwitzer Gemeindevertretung lehnte aber ab. Ein großes Medienecho und heftige Diskussionen waren die Folge, dem Dorf wurden Rassismus und Antisemitismus vorgeworfen. Heute ist die Deutsche Stiftung Denkmalschutz Eigentümerin. Saniert steht das Schloss für Begegnungen von jüdischen und nichtjüdischen Jugendlichen mietfrei zur Verfügung.

Schloss Gollwitz, Kirche in Gollwitz, Gräber in der Kirchofmauer von Gollwitz

Neben dem Schloss steht eine Kirche aus dem 14. Jahrhundert. Ihr Turm ist vier Jahrhunderte jünger. An der Kirchhofmauer liegen Gräber der Rochows und der von dem Hagen. Ein Mausoleum aus dem 19. Jahrhundert zeigt den Stil der Schinkel-Schule. Die gesamte Anlage steht unter Denkmalschutz.

Inzwischen gehört Gollwitz zur Stadt Brandenburg, der Wiege der Mark. Frühere Bewohner der Gegend waren die Heveller, ein westslawischer Stamm; auf eine Insel in der Havel setzten sie eine Burg. Die Christianisierung, die eine koloniale Eroberung war, begann unter Heinrich I., dem ostfränkisch-deutschen König aus sächsischem Haus. Sie hielt nicht lange vor. Man hat errechnet, dass in den folgenden drei Jahrhunderten die Hoheit über das Territorium der nachmaligen Mark Brandenburg dreizehn Mal zwischen Wenden, Deutschen und Polen wechselte.

Mitte des 12. Jahrhunderts fand der letzte Hevellerfürst Przibislaw von sich aus zur Lehre des Gekreuzigten und nahm den Taufnahmen Heinrich an. Die christliche Religion war damit endgültig durchgesetzt. Auf Przibislaw-Heinrich gehen die Anfänge der Brandenburger Altstadt zurück; wie es bei hochmittelalterlichen Siedlungen häufig der Fall ist, gründete sich nebenan eine Neustadt. Üblicherweise fand deren baldige Eingemeindung statt und eine neue längere Wehrmauer wurde errichtet – im Falle Brandenburgs existierten die beiden Stadtgründungen gleichen Namens mehrere Jahrhunderte jede für sich.

Havelauen, Zugvögel, Heidschnucken

Innerhalb des heutigen Stadtgebiets verzweigt sich die Havel, bildet Seitenarme und Kanäle, es gibt mehrere Inseln und zehn natürliche Seen. Der 69 Meter hohe Marienberg war schon früh Kreuzungspunkt bedeutender Handelsrouten. 1147 ließen sich Prämonstratenser nieder, ab 1165 wurde der Dom errichtet, Franziskaner gründeten 1234 in der Altstadt ein Kloster. Juden siedelten sich an. Als Zeichen der Stadtfreiheit wurde eine Rolandsfigur aufgestellt. Wirtschaft und geistiges Leben entwickelten sich. Bis 1518 gehörte Brandenburg zur Hanse. Der Dreißigjährige Krieg brachte wie überall im Land Verwüstung, von der sich die Stadt erst im 19. Jahrhundert gänzlich erholte.

Nach 1870 begann die Industrialisierung. Die 1871 gegründeten Brennabor-Werke bauten Fahrräder, Kinderwagen und Autos. Eine Schiffswerft, eine Eisengießerei, Fabriken für Blechspielwaren, Textilien und Möbel entstanden, und 1913 kam ein Stahl- und Walzwerk hinzu. Die Bevölkerung wuchs.

Während der Nazizeit produzierten Flugzeug- und Lkw-Fabriken für die Rüstung. 1934 hatte Brandenburg eines der ersten Konzentrationslager im Land. Das Zuchthaus Brandenburg-Görden war eine berüchtigte Haftanstalt, eingesessen haben hier unter anderem Erich Honecker und Robert Havemann. Die psychiatrische Landesanstalt Görden wurde zu einem Ort der Euthanasie.

Quartier am Dom, Dom in Brandenburg im Abendlicht, Bronzemodell Brandenburgs

Während des Zweiten Weltkriegs kam es zu schweren Zerstörungen durch Luftangriffe. Nach dem Kriegsende demontierten die Sowjets zahlreiche Industrieanlagen. In den 1950er Jahren entstanden das neue Stahl- und Walzwerk sowie Reichsbahn-Betriebe, nach 1989/90 wurde manches davon zurückgefahren oder geschlossen. Eine renommierte Fachhochschule gründete sich.

Ältester Siedlungsgrund und bis heute Zentrum der Altstadt ist die Dominsel. Der Bau des Doms begann 1165; im Unterschied zu anderen backsteingotischen Kirchen wirkt er vergleichsweise niedrig, was reichlich aufgewogen wird durch eine Vielgliedrigkeit, die sich nicht einem alles beherrschenden Prinzip beugen muss. Es gibt verschiedene Kapellen und außen einen Kreuzgang. Um den Dom herum reihen sich Gebäude aus mehreren Jahrhunderten.

Zu ihnen gehört die Ritterakademie. Im 18. Jahrhundert eingerichtet, sollte sie, der Name deutet es an, die Söhne des preußischen Adels pädagogisch formen. Eine Aufgabe, der sie bis ins 20. Jahrhundert nachkam. Unter ihren Zöglingen finden sich viele bekannte Adelsnamen: Bülow und Arnim, Alvensleben, Manteuffel und Hardenberg, Zitzewitz, Schulenburg und Tresckow.

Einer der Dompröbste war Henry oder Heinrich de la Motte-Fouqué, Spross einer normannischen Adelsfamilie. Der hugenottische Freiherr,

Havel in Brandenburg

zunächst ein hoher Militär, besaß das Vertrauen von Preußenkönig Friedrich II., der ihm zu seinem Kirchenamt verhalf. Heinrichs Enkel mit Vornamen Friedrich erdachte die Märchenerzählung von der Wasserjungfrau Undine. Er war ein Autor der deutschen Romantik. Als Romantiker auf dem Thron galt Preußenkönig Friedrich Wilhelm IV., der 1827, noch als Kronprinz, auf einer Zeichnung den Grundriss des Brandenburger Doms festhielt und, auf demselben Blatt, seine Idee von der Neugestaltung skizzierte. Mit deren Umsetzung beauftragte er den Baumeister Karl Friedrich Schinkel. Die Arbeiten fanden in den Jahren 1836 bis 1838 statt, teilweise finanziert aus des Kronprinzen Privatschatulle. Schinkels Restaurierung des Doms zu Brandenburg war ein frühes Beispiel für denkmalpflegerische Sorgfalt auf märkischem Boden.

Der bekannteste Sohn Brandenburgs in neuerer Zeit ist der Cartoonist und Komödiant Loriot, der eigentlich Vicco von Bülow hieß. Die Stadt ernannte ihn zum Ehrenbürger und feierte ihn mit einem Festakt.

Für uns ist es Zeit zum Abendessen. Das Restaurant »An der Dominsel« bietet sich dafür an.

ADRESSEN ZUR TOUR

Obstbaummuseum
Kirchstraße 6/7
14542 Werder (Havel)
Telefon: 03327-783371
tourismus@werder-havel.de
Museum April bis Oktober
Montag bis Freitag 11–17 Uhr
(Mittwoch geschlossen)
Samstag bis Sonntag 13–17 Uhr
Preise auf Anfrage

Bockwindmühle
Auf dem Mühlenberg
14542 Werder (Havel)
Telefon: 03327-783-372/ -373
tourismus@werder-havel.de
Öffnungszeiten:
Sommersaison (15. April bis 15. Oktober)
Freitag 11–16 Uhr
Samstag und Sonntag 13–17 Uhr
am deutschen Mühlentag und
Pfingstsonntag 13– 18 Uhr
Wintersaison geschlossen

Christian Morgenstern Literaturmuseum
Altenkirch-Weg 150
14542 Werder (Havel)
Telefon: 03327-6694021
info@christian-morgenstern-literatur-museum.de
www.bismarckhoehe-in-werder.de
Öffnungszeiten: März bis November
jeden ersten, dritten und fünften Sonntag
14–18 Uhr
Kontakt für Führungen: info@freundes-kreis-bismarckhoehe.de

Weinverein Werder
Am Plessower Eck 2
14542 Werder (Havel)
Telefon: 03327-741410
info@weinverein-werder.de
www.weinverein-werder.de

Phöebener Wachtelberg
Phöben
14542 Werder (Havel)
info@phoebener-wachtelberg.de

bewirtschaftet von Winzerhof Poel
Potsdamer Str. 9
14542 Werder (Havel)
Telefon: 0175-2324853
fewo@winzerhof-werder.de
winzerhof-werder.de

Stiftung Begegnungsstätte Gollwitz
Schlossallee 101
14776 Brandenburg OT Gollwitz
Telefon: 03381-213860
info@stiftunggollwitz.de
www.schlossgollwitz.de

Domstift Brandenburg
Burghof 10
14776 Brandenburg / Havel
Telefon: 03381-2112229
info@dom-brandenburg.de
www.dom-brandenburg.de
Öffnungszeiten: Dom
April bis Oktober: Montag bis Samstag
10–17 Uhr, Sonntag 12–17 Uhr
November bis März: Montag bis Samstag
11–16 Uhr, Sonntag 12–16 Uhr
Eintritt frei, Spenden erwünscht
Dommuseum
Telefon: 03381-2112221
museum@dom-brandenburg.de
Öffnungszeiten:
April bis Oktober: Montag bis Samstag
10–17 Uhr, Sonntag 12–17 Uhr
Gruppenführungen ab 10 Personen,
Anmeldung erforderlich
Kurzführung 4,– Euro p. P.
Ausführliche Führung 10,– Euro p. P.
thematischen Sonderführungen 6 Euro-
ermäßigt 4 Euro.

An der Dominsel
Restaurant & Weinhandlung
Neustädtische Fischerstraße 14
14776 Brandenburg a.d. Havel
Telefon: 03381-891807
info@restaurant-dominsel.de
www.restaurant-dominsel.de
Montag bis Sonntag 11:30–22 Uhr

13 Kanalgeschichten

Von Oranienburg nach Zehdenick

Am Vosskanal

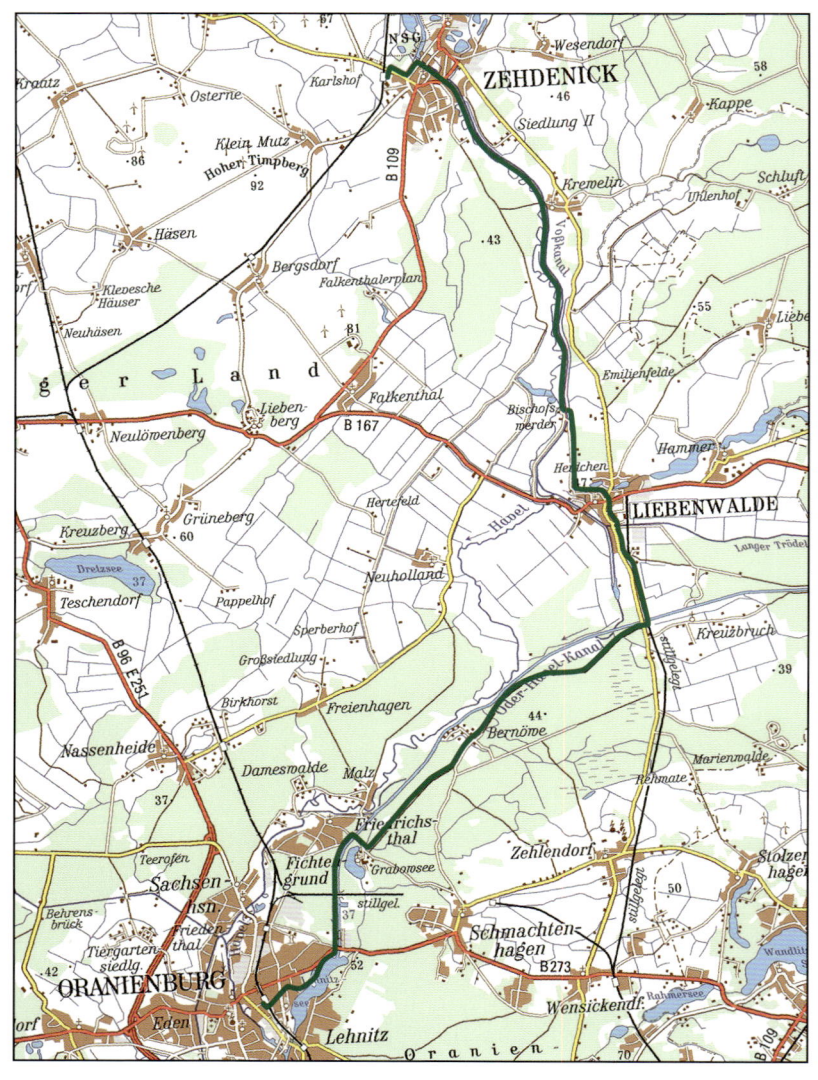

Wegverlauf der Tour

TOUR KOMPAKT

Anreise: S 1 nach Oranienburg

Start: Bahnhof Oranienburg

Ziel: Zehdenick

Abreise: Bahnhof Zehdenick Regionalbahn R 12 stündlich nach Berlin-Lichtenberg

Streckenlänge: 39 km

Wegqualität: überwiegend asphaltiert

Streckenprofil: kaum Steigungen und Gefälle

Verlauf: Oranienburg / Bernöwe / Liebenwalde / Bischofswerder / Krewelin / Zehdenick

Kartenempfehlung: Fahrradkarte Ruppiner Land vom Pietruska Verlag

Besichtigung: Oranienburg mit Schloss, Gedenkstätte Sachsenhausen, Liebenwalde mit Innenstadt und Heimatmuseum, Kloster Zehdenick, Altstadt Zehdenick mit Stadtkirche, Schiffermuseum

Einkehrmöglichkeit: »Ziegelhof« Zehdenick

Bademöglichkeiten: Lehnitzsee, Grabowsee, Zufluss des Wutzsees bei Liebenwalde

Beschilderung: Radwegbeschilderung (grün/weiß), zusätzlich Radfernweg Berlin–Kopenhagen und Havelradweg

Ein warmer Sommertag. Wir fahren mit der S-Bahn ins Havelland. Wir wollen ein Teilstück des Fernradweges Berlin–Kopenhagen erkunden, das hier mit dem Havelradweg identisch ist. Oranienburg empfängt uns mit dunklen Wolken am Himmel.

Wir machen uns dennoch auf den Weg und folgen den Markierungen in Gestalt schiefer Windrosen.

Die Tour führt auf ruhigen Nebenstraßen durch den Ort, dann entlang des Lehnitzsees, es folgt eine Badeanstalt. Das Gelände ist bewachsen von Bäumen und Büschen, hindurch windet sich der von Blättern überdachte Weg. Im Schilf rascheln Vögel.

Die Großstadt liegt weit hinter uns.

Es wird dunkler, erste Regentropfen fallen. Wir suchen Schutz unter Bäumen.

Der Schauer ist heftig, doch kurz. Nässe dampft vom Asphalt. Der Weg führt über die B 273 ans linke Ufer des Oder-Havel-Kanals, vorbei an der Lehnitzseeschleuse. Bald erscheint eine Betontafel.

Gedenktafel, Lehnitzseeufer, Hafengelände des ehemaligen Außenlagers Sachsenhausen

FUNDSTÜCK: Auf der anderen Kanalseite mussten ab 1938 Häftlinge des Konzentrationslagers Sachsenhausen eine Großziegelei, einen Hafen und ein Steinbearbeitungswerk errichten. Hier sollten Klinker und Natursteine für den von Albert Speer geplanten Umbau Berlins zur Welthauptstadt »Germania« produziert werden. 1941 wurde das Klinkerwerk ein selbstständiges Außenlager mit eigenen Baracken. Die Häftlinge fürchteten diesen Ort wegen brutaler Mordaktionen der Aufseher.

Im April 1945 wurde das Lager bombardiert, viele Menschen kamen ums Leben. Bis heute liegen sterbliche Überreste von Häftlingen auf dem Kanalgrund und im Gelände. Nach dem Zweiten Weltkrieg war hier militärisches Übungsgebiet. Ab 1990 sollten Gewerbe angesiedelt werden, ein öffentlicher Protest verhinderte dies. Seit 1996 steht das Gelände unter Denkmalschutz. Der fast unverändert erhaltene Hafen wird kommerziell genutzt. Eine unheimliche Atmosphäre umgibt den Ort.

Unter einer Eisenbahnbrücke hindurch fahren wir zur Grabowbrücke, benannt nach dem gleichnamigen See. Die Konstruktion ersetzt eine im Krieg zerstörte Vorgängerin. Bis 2009 war eine Fähre in Betrieb, die auch Fahrräder

Oder-Havel-Kanal, Grabowbrücke, ehemalige Tuberkuloseheilanstalt am Grabowsee

transportierte, der freundliche alte Fährmann ging mit Eröffnung der Brücke in den Ruhestand.

Der Weg führt vorbei am Grabowsee. Rechts ein verwahrlostes Gebäude, umgeben von einem Zaun. Die Architektur erinnert an die 1920er und 1930er Jahre des letzten Jahrhunderts. Es findet sich eine Hinweistafel.

FUNDSTÜCK: Ab 1896 wurde am Ufer des Grabowsees eine Heilanstalt für Tuberkulosepatienten errichtet. Die Krankheit, im Volksmund Schwindsucht oder auch Motten genannt, war eine Massenseuche. Während der zweiten Hälfte des 19. Jahrhunderts forderte sie viele Todesopfer, zumal in den schnell wachsenden Städten. Im Ersten Weltkrieg zog in die Heilanstalt am Grabowsee ein Lazarett ein. 1927 wurde die Einrichtung erweitert zu einer für die damaligen Verhältnisse sehr modernen Klinik, mit 150 Krankenbetten und Operationssälen, mit Wohnungen, Bibliothek, Tagungsräumen und großem Speisesaal. Im Zweiten Weltkrieg war sie abermals Lazarett, nach 1945 diente sie als Militärhospital der Roten Armee. Seit der deutschen Wiedervereinigung herrscht Verfall. Ein Transparent über einem Eingang verspricht die Umwandlung in eine »Internationale Akademie Kids Globe«. Beim Zustand des Objektes ist Skepsis angebracht.

Schleuse Bischofswerder, Rathaus Liebenwalde, Reste eines Herrenhauses bei Liebenwalde

Der Radweg taucht ein in den Wald. In der Luft schwirren Insekten, es duftet nach Sommerregen. Wir passieren Bernöwe, einen von Wald umgebenen kleinen Ort. Links und rechts des Weges sumpfige Flächen, in stehenden Gewässern spiegelt sich Licht. Wir überqueren eine Straße und den Oder-Havel-Kanal. Wir gelangen nach Liebenwalde.

Hinter dem Ortseingang steht ein Feuerwehrmuseum mit schönen alten Löschfahrzeugen. Die Stadt wirkt verschlafen. Hier beginnt der lange Trödel, westlichstes Stück des Finowkanals, der ältesten künstlichen Wasserstraße Deutschlands. Das ehemalige Stadtgefängnis ist ein kleines Museum zur Geschichte der Binnenschifffahrt, des Finowkanals und der »Heidekrautbahn«; an sie war Liebenwalde angeschlossen – nur bis zum Jahre 1997, leider. Ausgangs der Stadt treffen wir auf Reste einer Fortifikation, vielleicht stand hier die askanische Burg, aus der Liebenwalde hervorging. Der Nachfolgebau, wohl aus dem 18. Jahrhundert, wirkt sanierungsbedürftig.

Mit der Schleuse in Bischofswerder beginnt der Vosskanal, ein Teilstück der Oberen Havel-Wasserstraße zwischen Bischofswerder und Zehdenick. Binnenschiffe transportierten vor allem Ziegel. Die Landschaft weitet sich. Der Weg verläuft auf einem Damm neben der Schnellen Havel, die wegen ihrer zahlreichen Windungen nicht schiffbar ist, weswegen der Vosskanal gebaut werden musste. Das Flussbett läuft durch Wiesen mit grasendem Vieh, vereinzelt wachsen Weiden. Weite, wohin das Auge reicht. Die Sonne spie-

Schnelle Havel, Weiden am Lauf der Havel, Stromschnellen

gelt sich im Wasser, fette Cumuluswolken stehen am Himmel, hin und wieder fahren Schiffe. Himmel und Wasseroberfläche scheinen zu verschmelzen. Am Ufer Angler. Es folgen das Dorf Krewelin und ein Wasserturm. Wir erreichen den Stadtrand von Zehdenick.

ZEHDENICK: Die Havelstadt hat slawische Wurzeln, ihr Name wird als Blumenstadt übersetzt. Im Mittelalter bauten die Askanier eine Burganlage, 1250 gründete sich das Zisterzienserinnenkloster. Die Burg wechselte mehrfach den Besitzer, zuletzt fiel sie mitsamt der Stadt an die Hohenzollern.

Im 17. Jahrhundert stand hier ein Hochofen für die Herstellung von Kanonenkugeln. Im 19. Jahrhundert verwüsteten Brände Stadt und Kloster. Beim Bau der Eisenbahnstrecke Löwenberg–Templin wurden ausgedehnte Tonvorkommen entdeckt, Ziegeleien entstanden. Die letzte von ihnen schloss 1991. Den einst bedeutenden Binnenschifffahrtsstandort dokumentiert heute ein Museumsschiff.

Schilder weisen den Weg zum Kloster. Die Klosterscheune dient als Veranstaltungsort für Konzerte, Lesungen und Ausstellungen, außerdem gibt es ein Café. Der Nordflügel des Klosters blieb erhalten, die Kirche ist eine Ruine. 1541 wurde das Kloster säkularisiert, danach war es Stift für Adelsdamen. Heute arbeiten hier Einrichtungen für Gemeindearbeit und Kultur.

Kloster Zehdenick, Stadtkirche Zehdenick, Marktplatz mit Rathaus in Zehdenick

Abendsonne taucht die Häuser in warmes Licht. Auf dem Marktplatz das schön renovierte Rathaus. Der Ziegelhof gegenüber der Stadtkirche beherbergt eine Vinothek nebst Kräuterei. In nostalgischem Ambiente werden gutes Essen und anständiger Wein serviert.

ADRESSEN ZUR TOUR

Schlossmuseum Oranienburg
Schlossplatz 1
16515 Oranienburg
Telefon: 03301-53 7-437
oder 0331-9694-222
gruppenservice@spsg.de
www.spsg.de/schloesser-gaerten/objekt/
schlossmuseum-oranienburg
Öffungszeiten:
Anfang April bis Ende Oktober
Montag Geschlossen
Dienstag bis Sonntag 10–17:30 Uhr
Anfang November bis Ende März
Montag Geschlossen
Dienstag bis Sonntag 10–16 Uhr
Einzelticket 6 Euro, ermäßigt 5 Euro

Oranienwerk
Kremmener Straße 43
16515 Oranienburg
Telefon: 03301-5796339
kontakt@oranienwerk.de
www.oranienwerk.jimdosite.com

Gedenkstätte Sachsenhausen
Straße der Nationen 22
16515 Oranienburg
Telefon: 03301-200-0
und 03301-200-200
besucherdienst@gedenkstaette-sachsen-hausen.de
www.gedenkstaette-sachsenhausen.de
Öffnungszeiten: 15. März bis 14. Oktober:
täglich 8:30–18 Uhr

15. Oktober bis 14. März: täglich
8:30–16:30 Uhr
Eintritt frei
Führungen nach Anmeldung
pro Gruppe bis 15 Personen 15 Euro
ab 16 bis 30 Personen 25 Euro

Heimatmuseum Kappe
OT Kappe Kapper Dorfstr. 54
16792 Zehdenick
Telefon: 03307-36846
Öffnungszeiten auf Nachfrage

Evangelisches Stift Kloster Zehdenick
Im Kloster 2
16792 Zehdenick
Telefon: 03307-313384
stiftsamtfrau@kloster-zehdenick.de
www.kloster-zehdenick.de
Öffnungszeiten:
Klosterhof und Ruine des Dormitoriums
ständig geöffnet
Kreuzgang: April bis September
10–18 Uhr geöffnet
historischer Friedhof im Rahmen von
Andachten, Klostergebeten und Führungen geöffnet

Klosterscheune Zehdenick
Am Kloster 1
16792 Zehdenick
Telefon: 03307-310777
Mobil: 0171-3 851137
klosterscheune-zehdenick@arcor.de
www.klosterscheune-zehdenick.de
Öffnungszeiten: Mittwoch bis Sonntag,
Feiertage 13–17 Uhr
Führung durch das Kloster einschließlich der Räume im Nordflügel 2 Euro
pro Person (mindestens 25 Euro pro
Führung)

Stadtkirche Zehdenick
Am Kirchplatz 10
16792 Zehdenick
Kontakt: Kirchplatz 8
Telefon: 03307-2646
buero@kirchengemeinde-zehdenick.de
www.kirchengemeinde-zehdenick.de
Geöffnet 10–16 Uhr

Schiffermuseum
Schleusenstraße 22
16792 Zehdenick
Telefon: 03307-2877
touristinfo@havelstadtzehdenick.de
www.zehdenick-tourismus.de
www.museumsschiff.fremdenverkehrs-
buero-zehdenick.de
Öffnungszeiten und Preise auf Anfrage

Ziegelhof Zehdenick
Vinothek & Kräuterei
Am Kirchplatz 12
16792 Zehdenick
Telefon: 03307-310883
anfrage@ziegelhofonline.de
www.ziegelhofonline.de
Freitag bis Sonntag:
14–18 Uhr sowie zu Veranstaltungen
und nach Vereinbarung

14 Zwischen Schloten und Stichen
Von Zehdenick nach Dannenwalde

Ringofen im Ziegeleienpark Mildenberg

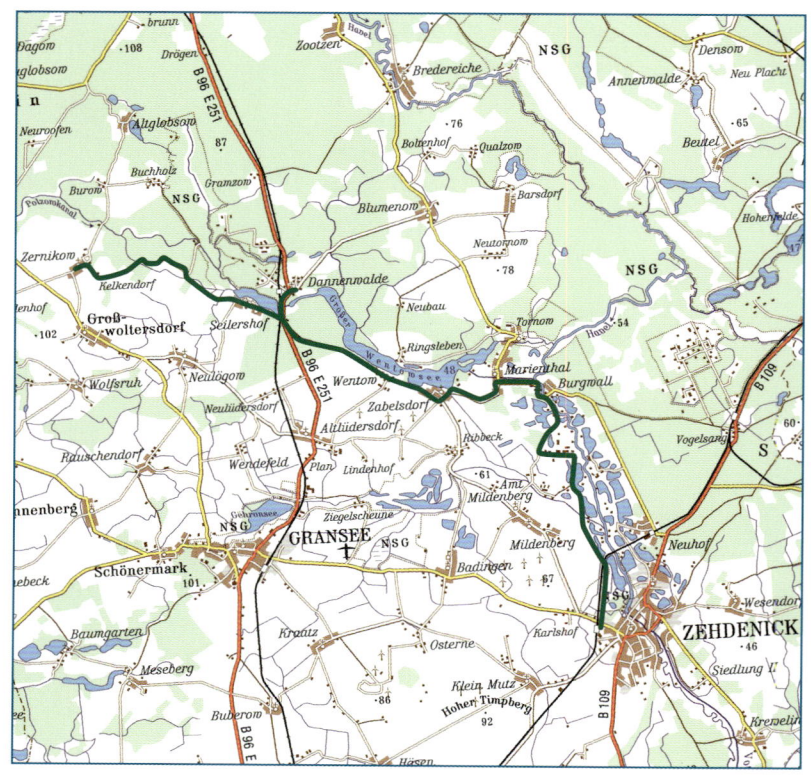

—————— Wegverlauf der Tour

TOUR KOMPAKT

Anreise: Regionalbahn R 12 stündlich ab Berlin-Lichtenberg Richtung Templin

Start: Bahnhof Zehdenick

Ziel: Dannenwalde

Abreise: Bahnhof Dannenwalde Regionalbahn R 5 nach Berlin-Gesundbrunnen

Streckenlänge: 38 km

Wegqualität: überwiegend asphaltiert, kurze Stücke unbefestigt oder auf mäßig befahrener Straße

Streckenprofil: leichte Steigungen und Gefälle

Verlauf: Zehdenick / Mildenberg / Burgwall / Marienthal / Zabelsdorf / Wentow / Dannenwalde / Seilershof / Kelkendorf / Zernikow / Dannenwalde

Kartenempfehlung: Fahrradkarte Ruppiner Land vom Pietruska Verlag

Besichtigung: Ziegeleimuseum Mildenberg, Feldsteinkirche Zabelsdorf, Gut, Kirche, Friedhof in Zernikow, Patronatskirche und Gutshaus Dannenwalde

Einkehrmöglichkeiten: Gasthaus »Alter Hafen« in Mildenberg

Bademöglichkeiten: Tonstiche bei Mildenberg, Wentowsee

Beschilderung: Radwegbeschilderung (grün/weiß), zusätzlich Fernweg Berlin–Kopenhagen und Havelradweg bis Dannenwalde / Bahnhof Dannenwalde

Zweiter Besuch in Zehdenick. Heute ist ein prächtiger Sonnentag. Die Regionalbahn bringt uns pünktlich von Berlin-Lichtenberg bis ans Ziel. Es gibt ein hübsches und tatsächlich geöffnetes Bahnhofsbistro, ein seltener Anblick: Die meisten kleinen Bahnhöfe in Brandenburg sind verwaist und verwüstet.

Die Radtour folgt der Beschilderung in Richtung Fürstenberg. Auch dies ist ein Teilstück des Fernweges Berlin–Kopenhagen, der nun beginnende Abschnitt heißt Ziegeleienpfad und führt durch eine Reihe von Tonstichen.

Die Region zwischen Zehdenick und Burgwall ist Museumsgelände und umfasst eine Kultur- und Industrielandschaft mit etwa fünfzig Seen. Ab den 1890er Jahren wurde hier Ton in Handarbeit gewonnen und in den nahe gelegenen mehr als vierzig Ziegeleien verarbeitet. Zu Spitzenzeiten arbeiteten hier über 5 000 Menschen. Das Ziegelei-Revier war das größte seiner Art in Europa.

Radweg in den Tonstichen bei Zehdenick, Bahnhofsbistro, Tonstich bei Wesenberg

Die Gruben sind ausgetont. Sie haben sich mit Grundwasser gefüllt und bieten Platz für seltene Pflanzen und Tiere wie Biber, Fischotter, Eisvogel, Fischadler, Rohrdommeln und Rotbauchunken, deren blockflötenartige Rufe manchmal zu hören sind.

Auf dem Welsengraben schaukeln Boote. Wir erreichen die ersten Ziegeleigebäude. Es folgen Radtke-Stich und Döbert-Stich. Im glasklaren Wasser schwimmen Fische, auf der Oberfläche spiegeln sich Himmel und Wolken, der Anblick erinnert an Bilder des märkischen Landschaftsmalers Walter Leistikow.

Am Eingang des Ziegeleienparks gelangen wir an einen Hafen. Es herrscht reger Bootsverkehr. Die Besichtigung informiert über die Geschichte von Tongewinnung und -verarbeitung, zu sehen sind Ringöfen und Stangenpresse, alte Loren, Kräne, Fehlbrände. Die großen Backsteinbauten des gründerzeitlichen Berlin, also Kirchen, Schulen, Verwaltungseinrichtungen, bezogen Ziegel aus dieser Region.

Weiterfahrt über die Ortschaften Burgwall und Marienthal, über Zabelsdorf mit seiner mittelalterlichen Feldsteinkirche. Wentow am gleichnamigen See hat einen Gutshof, der frisch renoviert ist, seinen Wirtschaftsteil nutzt ein Agrarbetrieb. Vorbei an Feldern und einem Waldstück. Von weither Verkehrsgeräusche, wir erreichen die B 96 und überqueren sie an einer Kreuzung. Ein Wegweiser zeigt in Richtung Zernikow und Rheinsberg.

Ziegeleigebäude, Ziegeleibahn, historischer Ringofen in Ziegeleienpark

Zernikow, Fontanes »Wanderungen durch die Mark Brandenburg« erwähnen es, ist ein Ort aus der Biografie von Preußenkönig Friedrich II. Der Weg dorthin geht über Seilershof mit seinen teilweise verlassenen Urlaubsdomizilen, danach wird es einsam. Sonnenblumen, Hügel, Waldungen, Felder, Feuchtwiesen. Endlich, etwas von Moos überwachsen, das Ortschild Zernikows.

FUNDSTÜCK: Das Gut war lange Besitztum des Rittergeschlechtes Zernikow, ihrerseits Lehnsleute der Ruppiner Grafen, Letzter der Sippe hier war im 17. Jahrhundert Hans von Zernikow. Danach wechselten die Eigner. 1740 schenkte Friederich II. das Gut seinem geheimen Kämmerer (und vermutlichen Liebhaber) Michael Gabriel Fredersdorff. Der führte das Gut zu wirtschaftlicher Blüte, ließ eine Maulbeerplantage anlegen und die heute noch existierende Maulbeerbaumallee, alles für die von Friedrich geförderte Seidenraupenzucht. Das Gutshaus entstand nach Plänen aus dem Büro Georg Wenzeslaus von Knobelsdorffs.

Caroline von Fredersdorff und ihr zweiter Ehemann Hans von Labes führten das Gut erfolgreich weiter. Der romantische Dichter, Volksliedsammler und Verfasser von Ritterromanen Achim von Arnim und sein Bruder Carl Otto waren Söhne

Holzskulptur des Ritters Zernikow, Gutshaus Zernikow, Fredersdorffsches Erbbegräbnis

der Tochter Carolines und ihres Mannes, des Königlich Preußischen Kammerherrn Joachim Erdmann von Arnim. Beide Jungen wuchsen bei der Großmutter in Zernikow auf.

Pächter verwalteten das Gut bis 1891. Erwin von Arnim übernahm die Gutsverwaltung und modernisierte das Gut. Die Arnim-Familie betrieb das Anwesen bis zum Ende des Zweiten Weltkriegs, dann floh sie. Die Bodenreform teilte das Gelände unter Siedlern auf, ins Gutshaus zogen ein Lazarett und Kriegsflüchtlinge, später die Verwaltung einer LPG. Anfang der 1990er Jahre gründeten die Arnims die Initiative Zernikow e. V., ihr Ziel ist die behutsame Restaurierung und Nutzung.

Der Ort liegt in warmem Sonnenlicht. Das Gutshaus ist großenteils wiederhergestellt und kann besichtigt werden. Pferde werden über den Hof geführt. Irgendwo singt ein Chor. Auf dem hinteren Gutshof stehen alte Landmaschinen, es gibt eine Ausstellung mit den Miniaturen von Schlössern aus der Umgebung. Unter einem großen Baum warten Tische und Stühle auf Besucher. Wir machen eine Rast und kosten die örtliche Küche.

An der Wegkreuzung bei der B 96 beginnt der Radweg nach Dannenwalde, vorbei an einem Denkmal für die populäre Preußenkönigin Luise. In der Ortsmitte Dannenwaldes steht eine schön restaurierte achteckige Patronats-

Historische Landmaschinen auf Gut Zernikow, Patronatskirche und Gutshaus in Dannenwalde

kirche. Das verfallene Gutshaus ließ im 18. Jahrhundert Adolf Friedrich von Waldow errichten. Der Ortvorsteher drückt uns ein Faltblatt zur Geschichte Dannenwaldes in die Hand. Wir erfahren, dass am Dannenwalder Bahnhof derzeit kein Zug hält, da hier gebaut wird. Ein Omnibus bringt uns mitsamt unseren Rädern bis Gransee. Wir bleiben die einzigen Gäste.

ADRESSEN ZUR TOUR

Ziegeleimuseum Mildenberg
Ziegelei 10
16792 Zehdenick OT Mildenberg
Telefon: 03307-310 410
info@ziegeleipark.de
www.ziegeleipark.de
Erwachsene 8 Euro, Kinder 4 Euro
15. Mai bis 5. November: 10–18 Uhr

Gasthaus Alter Hafen
Ziegelei 11
16792 Zehdenick OT Mildenberg
Telefon: 03307-301870
willkommen@gasthaus-alter-hafen.de
www.gasthaus-alter-hafen.de
Öffnungszeiten auf Anfrage

Kirche Dannenwalde
Blumenower Str. 1
16775 Gransee-Dannenwalde
geöffnet Mai bis Oktober
Mittwoch bis Sonntag 13–17 Uhr
Telefon: 030-4455707
anfragen@kirche-dannenwalde.de
www.kirche-dannenwalde.de

Gut Zernikow
Zernikower Strasse 43
16775 Großwoltersdorf OT Zernikow

Telefon: 033082-512 88 u. 033082-50432
info@gut-zernikow.de
kontakt@initiative-zernikow.de
www.gut-zernikow.de

15 Krieg am Knüppeldamm

Von Oranienburg nach Beetz

Der Ruppiner Kanal hinter Kremmen

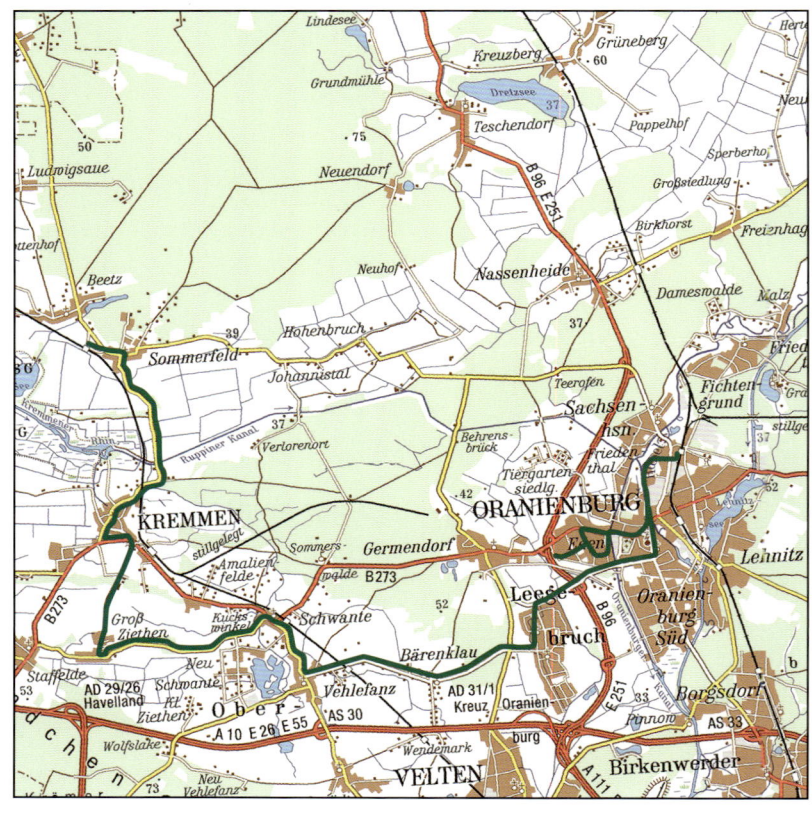

Wegverlauf der Tour

W as wäre die Schönheit ohne Hässlichkeit? Sie wäre langweilig. Dass alles in der Mark Brandenburg makellos schön sei, hat noch keiner behauptet. Auf unserer heutigen Tour werden wir Hässlichkeit zur Kenntnis nehmen müssen. Sie wird uns nicht schrecken, und die Schönheit wartet gleich nebenan.

Also Fahrt mit der S-Bahn in Richtung Norden bis zur Endhaltestelle der S 1, dem Bahnhof Oranienburg. Unser Ziel ist das Ruppiner Land. Vorher radeln wir durch die Stadt in Richtung Nordwesten, um den Ortsteil Eden zu erkunden.

Vom Bahnhof aus ist der Weg dorthin gut ausgeschildert. Wir überqueren die Havel und kommen am Jüdischen Friedhof vorbei. Eine jüdische Gemeinde gibt es hier wieder seit dem Jahre 2000, auf der zugehörigen Begräbnisstätte liegen unter anderem Mitglieder der Familie von Michael Blumenthal. Der frühere Direktor des Berliner Jüdischen Museums wurde 1926 in Oranienburg geboren. Mit seinen Eltern floh er 1939 aus Nazi-Deutschland

Jüdischer Friedhof in Oranienburg

zunächst nach Shanghai, 1947 in die USA. An der Elite-Universität Princeton studierte er Ökonomie und Politikwissenschaft und war eine Weile Hochschullehrer, ehe er in die Politik wechselte. Von 1977 bis 1979 amtierte er als US-Finanzminister in der Regierung von Präsident Carter. Über die Geschichte seiner Familie hat er ein Buch verfasst, »Die unsichtbare Mauer«; zu seinen Vorfahren gehörten der Hofjuwelier Jost Liebmann, die Schriftstellerin Rahel Varnhagen und der Komponist Giacomo Meyerbeer.

EDEN liegt im Westen von Oranienburg, jenseits des Ruppiner Kanals. Die Kolonie wurde 1893 in einem vegetarischen Berliner Restaurant gegründet. Deutschlands erste auf Fleischgenuss verzichtende Siedlung übernahm ihren Namen von der biblischen Bezeichnung für das Paradies. Zunächts lebte man in Oranienburg bloß streng vegetarisch, später öffnete man sich für weitere Strömungen der Lebensreform, die halb Protest war und halb Fluchtbewegung, die steife Krägen bekämpfte, strenge Korsetts und enge Moralvorstellungen. Dafür strebte sie nach Licht, Natur und Freiheit.

Gemeinschaften aus ihrer Tradition gab es um 1900 in Menge. Die Mathildenhöhe in Darmstadt zählt dazu und der Monte Verità im Tessin. Als Lebensform hat einzig Eden alle Zeiten überdauert.

Man wohnte zusammen. Man lebte nach denselben Prinzipien. Prominente Mitglieder waren der Bodenreformer Adolf Damaschke, Gustav

Mosterei, Plastiken an Gemeinschaftshaus und Verwaltungsgebäude in Eden

Lilienthal, Bruder des Flugpioniers, Winifred Wagner, Schwiegertochter des Bayreuther Komponisten, und ihr Ziehvater, der Musiker Karl Klindworth.

Neben Spenden finanzierte man sich durch den Verkauf von Produkten aus ökologischem Anbau, zum Beispiel Obstsäfte und Marmeladen. Ab 1920 hieß man Obstbau-Siedelung Eden e. G. m. b. H.; das Aufkommen völkischer und antisemitischer Tendenzen sicherten das Überleben zur Nazi-Zeit. Seit 1990 heißt man Eden Gemeinnützige Obstbau-Siedlung eG.; Öko-Bewusstsein, Nachfrage nach Bio-Produkten und die Spielarten des Vegetarismus garantieren Edens Zukunft.

Die Struktur der Siedlung mit einheitlichen Parzellengrößen ist gut erkennbar. Es stehen noch einige der einfachen Siedlungshäuser. Die Wege sind nicht asphaltiert. Das Zentrum bilden ein Gemeinschaftshaus, eine Mosterei, eine Bücherei und ein Café, die sachliche Architektur verrät den Entwurf aus den zwanziger Jahren. Den Eingang des Gemeinschaftshauses flankieren Terrakotta-Reliefs, die der Bildhauer und Eden-Bewohner Wilhelm Groß schuf. Die wechselvolle Geschichte der Siedlung dokumentiert die Ausstellung in einem Seitengebäude der Mosterei. Es riecht nach frischem Apfelsaft. In der Mosterei klappern Flaschen. Wir radeln durch die Siedlung und besehen einzelne Häuser, manche sind gut erhalten, andere wirken sanierungsbedürftig. Von dem ehemaligen Badehaus, das Lilienthal errichtete, blättert der Putz.

Museum im Remontehof, ehemalige Remonteschule, Gedenkstein in Leegebruch

Wir fahren weiter. Leegebruch, der nächste Ort, wirkt trostlos. Ein Denkmal aus dunklen Klinkerbausteinen erinnert an Häftlinge des KZ Sachsenhausen, die im nahe gelegenen Heinkelwerk für die Flugzeugproduktion eingesetzt wurden; bei einem Bombenangriff 1944 kamen Hunderte von ihnen ums Leben.

Wir kommen nach Bärenklau. Schilder weisen hin auf eine Remonteschule und einen Remontehof. Was, bitte, mag das sein? Remonte bedeutet Ersatzpferd. Beim preußischen Militär hießen so drei- und vierjährige Pferde, bestimmt, die jährlich ausgemusterten Tiere zu ersetzen. Der Pferdebedarf des Heeres war vor der allgemeinen Motorisierung erheblich, um 1900 betrug er etwa 98 000 Tiere, zehn Prozent davon waren Remonten. Bevorzugt in Ost- und Westpreußen gekauft und im Remonte-Depot eingestallt, erhielten sie ein straffes Training, mit täglicher Bewegung in allen Gangarten, später wurden sie auch geritten. Sie mussten sich an die Ställe und die militärische Umgebung, an Schüsse und laute Geräusche gewöhnen. Danach dienten sie neun bis zehn Jahre als Zug- oder Reitpferde.

Das königliche Remonte-Depot in Bärenklau entstand 1832. Sein Hof ist das Zentrum der Ortschaft. Langgestreckte Stallgebäude umsäumen einen rechteckigen Platz. Noch heute werden hier Pferde gehalten, außerdem nutzen Handwerker und Feuerwehr die Stallgebäude. Es gibt ein kleines Museum. Die alte Remonteschule dient als Jugendclub.

Kirche in Vehlefanz, Bockwindmühle in Vehlefanz, Pferdeweiden vor Schwante

Nahe Bärenklau liegt Vehlefanz. Auf dem Bosselberg am Dorfrand finden sich Reste einer Burg aus dem 14. Jahrhundert. Wir fahren zur Ortsmitte, umrunden die Kirche, einen Feldsteinbau mit spätmittelalterlichem Wehrturm; in der unterirdischen Grabkammer stehen Särge der Familie Bredow. Das Dorf kann auf eine 750-jährige Geschichte zurückblicken. Mühlen gab es schon seit langer Zeit, zu Beginn des 19. Jahrhunderts baute man am Ortsausgang die erste Bockwindmühle. Sie ist heute Museum.

Zwischen Pferdekoppeln führt der Weg nach Schwante. Im dortigen Pfarrhaus kam es 1989 zu einem für die DDR bedeutsamen Ereignis: der Neugründung der ostdeutschen Sozialdemokratie. Datum war der 7. Oktober. 43 Jahre zuvor war die alte Partei mit der KPD zwangsvereinigt worden zur SED. Die Zusammenkunft in Schwante war konspirativ, erst nach einer Weile trat die Partei, vorläufig SDP genannt, an die Öffentlichkeit. Die Annäherung an die Mutterpartei mit ihrem Vorsitzenden Willy Brandt führte dann zur Verschmelzung.

In Schwante steht etwas abseits, in einem überwiegend verwilderten Park, ein Schloss aus dem 18. Jahrhundert. Sichtachsen sind nur noch zu erahnen. Im Gras liegen Bierflaschen. Errichten ließ das Anwesen Erasmus Wilhelm von Redern, Angehöriger eines Adelsgeschlechts, dem in Berlin jenes (übrigens von Schinkel gebaute) Palais Unter den Linden gehörte, aus dem später das Hotel Adlon wurde.

Stumpf einer Windmühle, Pfarrhaus in Schwante, Schloss Schwante

Es gibt noch eine weitere Verbindung zwischen Schwante und dem Pariser Platz. Ende des 19. Jahrunderts kaufte der Kommerzienrat Richard Sommer den Redernschen Herrensitz im Ruppiner Land. Er war ein Nachfahre Carl August Heinrich Sommers, der, gelernter Zimmermann, in Berlin als Bauunternehmer und Kommunalpolitiker eine steile Karriere nahm. Unmittelbar links und rechts neben das Brandenburger Tor setzte er zwei klassizistische Häuser, die auch seinen Namen trugen, eines davon bewohnte er selbst. Im letzten Krieg wurden beide zerstört. Die Nachfolgebauten übernahmen ihre Kubatur. Das Max-Liebermann-Haus – im Vorgängerbau hatte der Maler sein Atelier – ist davon eines.

Richard Sommer hatte Carl August Heinrichs gesamten Immobilienbesitz geerbt. Das Schloss in Schwante ließ er umbauen. 1924 erwarb es der rechtskonservative Politiker und später hochrangige SA-Führer von Bülow. 1945 wurde das Schloss enteignet und zum Spital für Typhuskranke. Es folgten ein Kindergarten, eine Schule, eine Arztpraxis. Der Streit um den Besitz des Schlosses beschäftigte Gerichte, während der Verfall voranschritt. Die Fassade immerhin ist inzwischen erneuert.

Das nächste Ziel, Kremmen, erreichen wir über den Ort Großziethen. Unser kleiner Umweg führt uns durch abgeerntete Felder, auf denen Kraniche stehen. Eine Kolonne aus riesigen Erntefahrzeugen rattert vorbei und drängt uns an den Straßenrand.

Schloss Großziethen

Das Großziethener Schloss, das wir besuchen, hat eine wechselvolle Geschichte: Im Spätmittelalter von den Bredows erbaut, gehörte es verschiedenen Adligen, wurde zerstört, auf- und umgebaut, enteignet und umgenutzt, schließlich verfiel es. Nachfahren der letzten Besitzer übernahmen es, restaurierten, richteten den Park her und eröffneten ein hochpreisiges Hotel. Angesichts seines verschlafenen Ambientes wirkt es etwas deplatziert. Die Speisekarte allerdings liest sich eindrucksvoll.

Den weiteren Weg säumen Bäume, hinter denen große Maisfelder liegen. Die agrarische Monokultur des amerikanischen Getreides wird verständlich durch die große Biogasanlage kurz vor Kremmen. Die Stadt hat ein bemerkenswertes historisches Scheunenviertel. Wir gelangen durch eine Bahnunterführung dorthin und treffen auf buntes Treiben: Das Erntefest wird vorbereitet. Marktstände und Freilichtbühnen stehen bereit. Riesige Kürbisse leuchten in sämtlichen Farben der Sonne, allerlei neckische Dinge wurden aus ihnen gefertigt: Saurier, Schlangen, Fische. Aus Lautsprechern dröhnt Musik. Es riecht nach Bratwurst und Bier. Die Leute sind ausgelassen.

KREMMEN: Einst war Kremmen ein strategisch wichtiges Tor zum Nordwesten der Mark. Durch die Sumpflandschaft des Rhinluchs führte ausschließlich ein Damm. Im Schutz einer Burg entstand während des 13. Jahrhunderts die Kernstadt. Wiederholt wüteten Brände, weswegen der brandenburgische

Erntefest in Kremmen, Scheunenviertel von Kremmen

Kurfürst Mitte des 17. Jahrhunderts anordnete, Scheunen nur noch außerhalb der Stadtmauern zu unterhalten.

Mit den heute vierzig erhaltenen von ursprünglich siebzig Scheunen bildet das Areal eines der größten noch erhaltenen historischen Stadtquartiere und steht unter Denkmalschutz. Die sorgfältig restaurierten Scheunen gruppieren sich um einen Löschwasserteich. Eine Scheune wurde Museum, andere bieten Antiquitäten und Keramiken zum Verkauf, in einer weiteren spielt das Theater »Tiefste Provinz«. Ein Förderverein kümmert sich um Erhalt und Betrieb des Viertels.

Die Altstadt Kremmens ist insgesamt sehenswert. Über den Markt vorbei an Rathaus und zweigeschossigen Ackerbürgerhäusern radeln wir stadtauswärts auf dem Rhinluchradweg weiter. Über den Ruppiner Kanal führt eine Brücke. Still und glatt liegt die Wasseroberfläche, die Bäume am Ufer spiegeln sich darin. Plötzlich treffen wir auf ein steinernes Sühnekreuz mit beschriftetem Sockel.

FUNDSTÜCK: Der Kremmer Damm, aus Knüppeln gefertigt, war jahrhundertelang der einzige Weg durch das Luch. Im Mittelalter gehörte er zur Grenzregion zwischen Pommern und Brandenburg. Die

Altstadt von Kremmen

märkischen Herrscher wollten ihr Territorium vergrößern und gerieten so in Konflikt mit den pommerschen Herzögen. Zwei Schlachten am Kremmener Damm sind bezeugt, die eine, 1332, gewann Herzog Barnim von Pommern, wovon eine Ballade erzählt, die Theodor Fontane in seinen »Wanderungen« zitiert: »Als Herzog Barnim, der kleine Mann / (Um mit Markgraf Ludwig zu fechten), / Kam bis an den Kremmer Damm heran ...«

Das zweite Aufeinandertreffen begab sich 1412. »Sicherlich war es keine Schlacht in unserm Sinne, kaum ein Gefecht«, schreibt Fontane. Den Herzögen Otto II. und Kasimir V. von Pommern-Stettin standen der soeben von König Sigismund in die Mark entsandte Hohenzoller Friedrich und seine fränkischen Ritter gegenüber. Die Pommern eroberten zunächst den Damm. Wegen hoher Verluste zogen sie sich wieder zurück. Die fränkischen Ritter, in Zahl unterlegen, doch leichter ausgerüstet, konnten sich auf dem sumpfigen Untergrund geschickter bewegen und entschieden die Auseinandersetzung für sich. Einige von ihnen fanden den Tod, darunter der Graf von Hohenlohe, der Friedrich nahe stand. Der Hohenzoller errichtete für ihn ein Kreuz, das später der Große Kurfürst und zuletzt König Friedrich Wilhelm IV. erneuern ließen. Friedrich wurde dann 1415 auf dem Konzil von Konstanz mit der Mark belehnt.

Gedenkkreuz am Knüppeldamm

Wir gelangen nach Beetz. Größter Arbeitgeber hier ist eine Rehaklinik, untergebracht in einem ehemaligen Tuberkulose-Krankenhaus. Das Gebäude im alpinen Landhausstil errichtete von 1912 bis 1914 das damals noch selbstständige Charlottenburg, heute steht es unter Denkmalschutz. Klinikfahrzeuge fahren durch den Ort und transportieren Patienten. Ehe wir unsere Rückreise antreten, kehren wir ein in der »Weinschmiede«, wo es nicht nur regionale Küche gibt, sondern dazu eine umfangreiche Vinothek. Draußen herrscht Dämmerung. Weinselig treten wir am Bahnhof die Rückfahrt an.

ADRESSEN ZUR TOUR

Jüdischer Friedhof Oranienburg
Kremmener Straße
16515 Oranienburg

Eden Gemeinnützige Obstbau-Siedlung eG
Struveweg 501
16515 Oranienburg
Telefon 03301-52326 und 03301-523270
Dienstag 9–12 Uhr, 13–18 Uhr
Mittwoch 8–12 Uhr
info@eden-eg.de
www.eden-eg.de

Museum im Depot
Remontehof 9
16727 Oberkrämer OT Bärenklau
Infos unter: 03304-251915, 03304-33744
und 0172-291 30 39
www.kraemer-forst.de
Eintritt: Erwachsene 1 Euro
Kinder/Jugendliche 0,50 Euro
bis 6 Jahre Eintritt frei
Gruppen von Schulen und Kitas
aus Oberkrämer Eintritt frei.
Heimatverein Bärenklau e.V.

Mühlenmuseum Bockwindmühle Vehlefanz
Lindenallee 71
16727 Oberkrämer OT Vehlefanz
Öffnungszeiten:
Mai bis September
Samstag von 11 – 16 Uhr.
Führungen unter:
Telefon: 03304-2061227
Erwachsene 1 Euro
Kinder 0,50 Euro

Dorfkirche Vehlefanz
Am Anger
16727 Oberkrämer OT Vehlefanz
Anmeldung u. Schlüssel im Pfarramt
Lindenallee 28
Telefon: 03304-500573
ki.ve@t-online.de
www.kirche-oberkraemer.de

Schlossgut Schwante
Schlossplatz 1–3
16727 Oberkrämer OT Schwante
info@schlossgut-schwante.de
www.schlossgut-schwante.de
Da das Schloss sich in Privatbesitz befindet, ist es nur von außen zu besichtigen.

St. Nikolai-Kirche Kremmen
Kirchplatz 4
16766 Kremmen
täglich 9–16 Uhr geöffnet
www.kirche-kremmen.de

Museumsscheune
Scheunenweg 49
16766 Kremmen
Telefon: 033055-21159
oder 033055-21161
TIP@kremmen.de
Öffnungszeiten:
Dezember bis Februar
Dienstag bis Freitag: 10–16 Uhr
März bis November
Dienstag bis Sonntag: 10–16 Uhr

Alte Weinschmiede Sommerfeld
Dorfstr. 28
16766 Kremmen
Telefon: 033055-75300
wein-kaiser@t-online.de
www.weinschmiede-sommerfeld.de
Freitag bis Sonntag 11:30–19 Uhr

16 Von Herren und Birnen

Von Nauen nach Nennhausen

Schloss Ribbeck

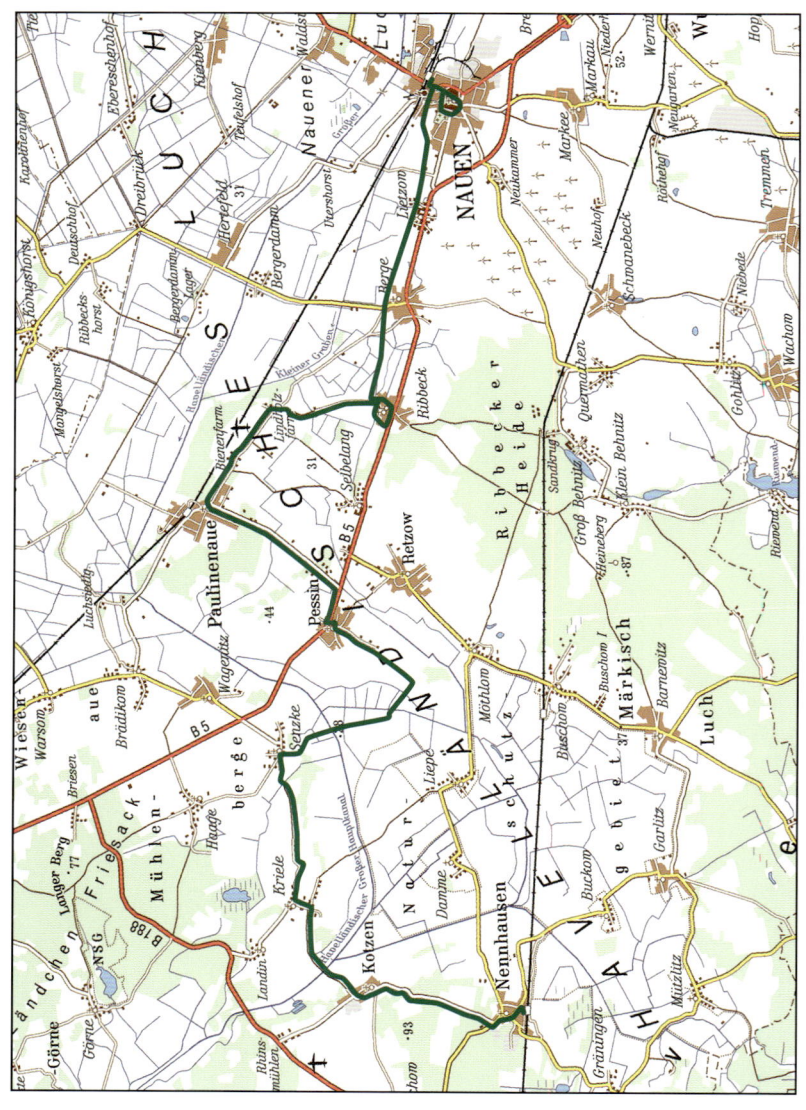

——— Wegverlauf der Tour

Anreise: ab Berlin-Hauptbahnhof halbstündlich R2 nach Wittenberge, RB 14, RB 10 nach Nauen

Start: Bahnhof Nauen

Ziel: Nennhausen

Abreise: ab Bahnhof Nennhausen mit der Regionalbahn R4 alle zwei Stunden nach Berlin-Spandau

Streckenlänge: 53 km

Wegqualität: überwiegend asphaltiert, kurze Stücke unbefestigt

Streckenprofil: leichte Steigungen und Gefälle

Verlauf: Nauen / Lietzow / Berge / Ribbeck / Bienenfarm / Paulinenaue / Pessin / Senzke / Kriele / Kotzen / Nennhausen

Kartenempfehlung: Fahrradkarte Hoher Fläming-Havelland vom Pietruska Verlag

Besichtigung: Nauen mit Altstadt, Rathaus, St.-Jacobi-Kirche, Wasserturm, Ribbeck mit Schloss mit Museum, Kirche, Friedhof, Pessin mit Gutshaus, Kirche, Gutshaus Senzke mit Fintelmannhaus, Kirche in Kriele, Papiermanufaktur in Kriele, Schloss und Park Nennhausen

Einkehrmöglichkeiten: »Alte Schule« in Ribbeck, »Gutshaus« in Kriele

Beschilderung: Radwegbeschilderung (grün/weiß), zusätzlich Havelradweg bis Kotzen

D ie Regionalbahn ist von Berlin-Hauptbahnhof nach Nauen etwa vierzig Minuten unterwegs. Unser heutiges Ziel: ein Stück des Havelradwegs nach Nordwesten. Die Strecke wird durch das Havelländische Luch führen, eine flache Moorlandschaft, melioriisiert, durchzogen von Gräben und Kanälen. Da die Region dünn besiedelt ist, wirkt sie auf sonderbare Weise naturbelassen. Der Himmel ist riesig. Wiesen wechseln mit mageren Forsten. Der Gesamteindruck neigt zur Monotonie. Es gibt Leute, die so etwas mögen.

Der Havelradweg beginnt unmittelbar am Bahnhof. Zuvor drehen wir ein paar Runden durch Nauen.

NAUEN: Das Ackerbürgerstädtchen hat etwa 17.000 Einwohner. 1186 wurde es erstmals urkundlich erwähnt, erhielt 1292 das Stadtrecht, Markgraf Waldemar erteilte das Marktrecht. 1414 ließ Raubritter Dietrich von Quitzow den Ort niederbrennen. 1631 hausten hier Truppen des kaiserlichen Feldherrn Tilly. Das letzte Großfeuer wütete 1695. Im 18. Jahrhundert entstand der Havelländische Hauptkanal.

Sanierte Fachwerkhäuser in der Altstadt von Nauen

Ab 1716 war Nauen Militärstandort. Man errichtete Kasernen. In der zweiten Häfte des 19. Jahrhunderts entwickelte sich die Wirtschaft, eine Zuckerfabrik und eine städtische Gasanstalt entstanden, das neue größere Rathaus war Ausdruck eines gewachsenen städtischen Selbstbewusstseins. 1890 eröffnete der Vorortverkehr nach Berlin. Schulen entstanden, ein Kreiskrankenhaus und 1903 die erste Funkstation der Welt, entwickelt von den Firmen AEG und Siemens.

Das Konzentrationslager Oranienburg richtete 1933 in einer Zementfabrik des Ortsteils Börnicke eine Außenstelle ein. Politische Gefangene wurden ermordet, andere starben an den Haftfolgen. Ein amerikanischer Luftangriff zerstörte im April 1945 den Bahnhof und umliegende Stadtgebiete.

Die DDR baute neue Wohnquartiere. 1971 begann die Altstadtsanierung. Nach der Wiedervereinigung modernisierten sich vorhandene Industrien, neue Unternehmen siedelten sich an. Die in Nauen stationierten sowjetischen Streitkräfte zogen 1994 ab. Nauen hat weiterhin Funkbetrieb: Die Sendemasten nördlich der Stadt strahlen unter anderem hier die vielsprachigen Programme der Deutschen Welle aus.

Der Altstadtkern hat Kopfsteinpflaster. Es gibt liebevoll sanierte Fachwerkhäuser, Jugendstilbauten und einen Wasserturm. Der mittelalterliche Grundriss ist noch allenthalben zu erkennen. Seit einigen Jahren ermöglicht

Rathaus Nauen, Turm der Sankt-Jacobi-Kirche, Goethe-Gymnasium

eine Jugendbauhütte ein freiwilliges Jahr in der Denkmalpflege, man sieht sich in der Tradition der mittelalterlichen Bauhütten; junge Menschen zwischen 16 und 26 Jahren sollen erste praktische Erfahrungen in Handwerks- und Baubetrieben sammeln, bei Architektur- und Planungsbüros oder in Denkmalbehörden.

Das Zentrum der Altstadt dominiert der mächtige Turm der Sankt-Jacobi-Kirche, ein spätgotischer Backsteinbau aus dem 15. Jahrhundert. Neben dem Rathaus im Gründerzeitstil liegt ein zentraler Kreisverkehr, Autos und LKW donnern hier pausenlos vorüber und verursachen einen ohrenbetäubenden Lärm.

Wir radeln rasch zurück und passieren das Goethe-Gymnasium, einen Bau des bekannten Berliner Architekten Max Taut (1884–1967), Bruder von Bruno Taut und Mitglied in dessen Architektengemeinschaft. Während der 1920er Jahre erregte Max Taut Aufsehen durch seine Bürobauten. Er entwarf auch Schulgebäude in Berlin, darunter die Alexander-von-Humboldt-Oberschule in Berlin-Köpenick und den nach ihm benannten Schulkomplex an der Schlichtallee/Fischerstraße in Berlin-Lichtenberg. Während der Nazizeit war er von öffentlichen Bauvorhaben ausgeschlossen, aus politischen Gründen. Er lebte zurückgezogen in Chorin. Zu seinen Nachkriegsarbeiten zählen die Reutersiedlung in Bonn und die Zinkhüttensiedlung in Duisburg. Auf dem Friedhof des Choriner Klosters liegt er begraben.

Havelradweg vor Ribbeck

Wir verlassen Nauen. Vorbei an Apfelbäumen fahren wir hinein in die flache Luchlandschaft. Den Weg säumen Weiden und Hecken: Schutz vor dem Wind, der in kräftigen Böen über die Wiesen weht. Das Havelluch ist dünn besiedelt, wichtige Erwerbszweige sind Ackerbau und Viehhaltung. Auf den Feuchtwiesen rasten Zugvögel, wir hören Kranichrufe, unentwegt, viele der scheuen Vögel stehen in sicherem Abstand zu unserem Weg. Beim kleinsten Geräusch schrecken sie auf und erheben sich in die Luft.

Vorbei an den Dörfern Lietzow und Berge erreichen wir Ribbeck. Das Dorf wurde bekannt durch eine Ballade Theodor Fontanes. Sie ist inzwischen seine bekannteste Versdichtung überhaupt; nachdem Balladen, selbst jene Goethes, Schillers und Uhlands, aus dem kollektiven Gedächtnis wie den Schullesebüchern weitgehend verschwunden sind, ist sie das letzte noch einigermaßen bekannte Beispiel dieses Genres. Herr von Ribbeck auf Ribbeck im Havelland, ein gutmütiger alter Gutsherr, beschenkt im Herbst die Kinder des Dorfes mit Birnen. »Kumm man röwer, ick hebb 'ne Birn«, ruft er (noch zu Zeiten des Dichters sprach man hier allgemein Plattdeutsch). Ribbecks Sohn und Erbe aber ist habgierig und geizig, was der alte Herr gerade noch rechtzeitig merkt, also nimmt er eine Birne mit ins Grab. Aus deren Kernen wächst ein Baum, dessen Früchte fortan die Kinder des Dorfes pflücken und essen können.

Mit der Titelfigur der Ballade ist der 1759 verstorbene Hans-Georg von Ribbeck gemeint. Der malerische Stumpf des ursprünglichen Birnbaums,

Alte Brennerei, neu gepflanzter Birnbaum und Kirche in Ribbeck

1911 bei einem Sturm umgestürzt, befindet sich in der Dorfkirche. 2000 pflanzte man einen neuen Baum.

Ribbeck ist eine alte Siedlung, und die Ribbecks sind ein altes märkisches Adelsgeschlecht. Hans Georg Karl Anton von Ribbeck war hier der letzte Gutsherr; der überzeugte Monarchist und NS-Gegner wurde denunziert, 1944 verhaftet und ins Konzentrationslager Sachsenhausen eingeliefert, wo die Nazis ihn umbrachten.

Wir passieren die alte Brennerei und folgen der Kopfsteinpflasterstraße, die am ehemaligen Pfarrhaus, an der alten Schule und an der Kirche vorbeiführt. Das Pfarrhaus ist heute ein kleines Theater mit Café, außerdem werden dort Andenken verkauft. Ein aufwendig gestaltetes Orientierungssystem leitet durch den Ort. Dank Fontanes Ballade erlebt Ribbeck eine regelrechte Konjunktur: Omnibusse schütten reichlich Touristen aus, die sämtliche Caféstühle besetzen und die Kirche umwimmeln, immer auf der Suche nach dem Birnbaum.

Das neobarocke Schloss, 1893 errichtet, war bis 1947 im Besitz der Ribbeck-Familie. Zu DDR-Zeiten erfuhr es allerlei bauliche Veränderungen, bis 2004 diente es als Pflegeheim. Nach 1990 stellten die Ribbecks Rückübereignungsansprüche, 1999 verglich man sich vor dem Potsdamer Verwaltungsgericht. Das Schloss ist nunmehr Eigentum des Landkreises, wurde denkmalgerecht saniert und beherbergt ein Fontane-Museum.

Ehemaliges Pfarrhaus, Gedenkstein und Friedhof in Ribbeck

Hinter dem Schloss liegt der Familienfriedhof. Ein Gedenkstein erinnert an den ermordeten Hans Georg Karl Anton von Ribbeck. Ein paar Mitglieder der Familie sind mittlerweile zurückgekehrt, es gibt (schon seit altersher) eine Brennerei, die allerlei Essigsorten herstellt und vor allem: Obstler. Wie nicht anders zu erwarten, handelt es sich um Birnenbrand.

Nach einem Milchkaffee brechen wir auf. Wir gelangen in einen Ort mit dem sonderbaren Namen Bienenfarm. Er hat einen Sportflugplatz und eine Gänsefarm, zu den laut schnatternden Zuchtvögeln haben sich ein paar wilde Graugänse gesellt.

Dann Paulinenaue. Es gehörte dem havelländischen Uradelsgeschlecht von Knoblauch, das sich auch Knobelisk, Knoblok und Clebeloke schrieb. Einer aus der Sippe, Friedrich Wilhelm, benannte den Flecken nach seiner Braut Pauline von Bardeleben, deren Familie hier eine Meierei besaß. Im 19. Jahrhundert standen nur ein paar Häuser. Im 20. Jahrhundert eröffneten Gartenbaubetriebe, die vor allem Erdbeeren zogen. Ab den 1950er Jahren war Paulinenaue Sitz von Pflanzenforschungsinstituten, heute ist es Standort des Leibniz-Zentrums für Agrarlandschaftsforschung.

Vorbei am bröckelnden Bahnhofsgebäude geht es weiter nach Pessin. (Der slawische Name bedeutet Holunder.) Am Ortseingang kreischen uns Gänse an. Im Dorfkern steht eine ungewöhnlich große Kirche. Die Fundamente stammen aus dem 13. Jahrhundert, anderes ist 200 Jahre jünger. Die

Gutshaus, Dorfkirche und Gänse in Pessin

Brüstungen der Emporen schmücken gemalte Wappen der Herren von Knoblauch (mit erkennbaren Knoblauchzehen). Unmittelbar neben der Kirche steht ein größeres Gebäude.

FUNDSTÜCK: Bei dem ältesten Herrenhaus der Mark Brandenburg handelt sich um einen Fachwerkbau, zweistöckig, ziegelgedeckt, mit Gauben. Die Balken haben ein helles Braun. Manche sind kunstvoll gekrümmt. Der Bau ist sehr alt, seine Anfänge reichen zurück ins 15. Jahrhundert. Erste Eigner waren die von Knoblauchs; samt zugehörigen Gütern hielten sie es bis 1932. Während der Weltwirtschaftskrise gingen sie bankrott. Ihre Anwesen wurde zwangsversteigert, neue Besitzer waren Alfred von Bake und seine Ehefrau Marie-Luise von Zanthier. 1945 wurden sie enteignet. Dem Haus drohte, wie vielen Herrenhäusern in der Mark, zunächst der Abriss, der aber verhindert werden konnte. Hinfort diente das Haus als Amtssitz, als Kindergarten, als Bibliothek und als Arztstation. Es kam zu Umbauarbeiten, ein Saal wurde entfernt, das Knoblauchsche Wappen verschwand. Anderthalb Jahrzehnte blieb das Haus in Gemeindebesitz und verfiel. 2007 wurde es verkauft und befindet sich nun wieder in Privathand. Man wird viel Geld und Ausdauer brauchen, um es wiederherzustellen.

Kirche und Gutshaus in Senzke, Fintelmannhaus

Wir verlassen Pessin. Kopfweiden flankieren den Weg, links liegt ein kleiner See. Der Hochsitz auf dem Schwahberge eröffnet den Blick auf die Luchlandschaft. Alles ist weiträumig, flach, kaum besiedelt, viele feuchte Wiesen gibt es, durchzogen von Kanälen, deren Wasser träge fließt, Libellen in allen Farben schwirren umher. Nach einer scharfen Rechtskurve geht es weiter durch Viehweiden. Wir fahren über den Großen Havelländischen Hauptkanal und gelangen nach Senzke.

Hier wurde 1727 Joachim Heinrich Fintelmann herrschaftlicher Gärtner. Mitglieder seiner Familie standen über Generationen in königlich-preußischem Dienst, unter anderem waren sie beteiligt an der Gestaltung der Berliner Pfaueninsel und des Charlottenburger Schlossparks. Der »Förderverein Fintelmannhaus e. V.« bemüht sich um Fintelmanns Andenken, sein Haus im Ortskern wurde sorgfältig saniert. Gegenüber steht eine grell ockerfarbene Kirche im Schinkelstil.

Das Schloss ist eingerüstet; einst war es Sitz der von Bredows, eines alten Adelsgeschlechtes und einst Lehnsherren der Burg Friesack. Die Sippe brachte Offiziere, Politiker und Bischöfe hervor. »Die Hosen des Herrn von Bredow«, einen vormals viel gelesenen Roman, schrieb der Fontane-Zeitgenosse Willibald Alexis, Autor etlicher Historienbücher über Berlin und Brandenburg. (Eigentlich hieß er Georg Wilhelm Heinrich Häring, stammte aus Hamburg und starb in Thüringen.) Das Gut der Bredows wurde nach dem Zweiten Welt-

Gutshaus Kriele, Dorfkirche Kotzen, Eingang der Papiermanufaktur und Galerie im Gutshaus

krieg enteignet. Umsiedler bewohnten das Schloss, die Bodenreform verteilte das umliegende Land. Auch dieser Herrensitz sollte 1950 abgerissen werden, was auch hier die Dorfbewohner verhinderten. Nunmehr befindet es sich wieder in Privatbesitz. Unmittelbar benachbart stehen DDR-Plattenbauten, deren Schrebergärten und Garagen den Schlosspark bedrängen. Eine alte Dorfbewohnerin erzählt von Querelen mit den neuen Besitzern. Derlei hat hierorts Tradition: Auch bei den »Hosen des Herrn von Bredow« ging es um einen Rechtsstreit.

Der Tag neigt sich, wir setzen unsere Fahrt fort. Im Ortszentrum von Kriele stehen eine Backsteinkirche aus dem 14. Jahrhundert und ein Gutshaus. Ein Schild wirbt für ein Café, eine Papierwerkstatt und eine Galerie: In den warmen Monaten bietet die Papierwerkstatt Pappenstiel Workshops an. Es werden handgeschöpfte Papiere hergestellt und, eher ungewöhnlich, papierener Schmuck. Das Café ist der perfekte Ort für eine Rast.

Doch es ist spät geworden. Wir wollen unseren Zug erreichen. Über eine Ortschaft mit dem gewöhnungsbedürftigen Namen Kotzen radeln wir nach Nennhausen. Noch ist Zeit für einen kurzen Besuch des Schlosses. Die Familie von Briest erhielt für Verdienste um die Befreiung Rathenows im Schwedisch-Brandenburgischen Krieg vom Großen Kurfürsten das Lehen Nennhausen. Das Schloss entstand im 18. Jahrhundert, später erfolgte der Umbau im Tudorstil. Der Park ist ein englischer Landschaftsgarten.

Schloss Nennhausen

Auch die Briests sind eine alte märkische Adelsdynastie. Ihr prominentestes Mitglied war Caroline von Briest, die 1803 den Dichter Friedrich de la Motte Fouqué ehelichte. Beide unterhielten in Nennhausen einen literarischen Salon, in dem unter anderen Rahel Varnhagen, Johann Gottlieb Fichte, Joseph von Eichendorff, Wilhelm von Humboldt, Adelbert von Chamisso und E.T.A. Hoffmann verkehrten. Fouqué schrieb hier seine »Undine«. Die nach diesem Stoff verfasste Oper komponierte E.T.A. Hoffmann, sie erlebte ihre erfolgreiche Uraufführung im Schauspielhaus am Berliner Gendarmenmarkt.

Die Briests starben 1822 aus. Lebendig blieb ihr Name durch Theodor Fontanes wohl bekanntesten Roman »Effi Briest«; der Autor, nicht nur durch seine »Wanderungen« mit dem Schicksal märkischer Adelsfamilien vertraut, bezieht sich ausdrücklich auf die Historie des Geschlechts.

Fouqué lebte bis 1833 in Nennhausen. Nach Enteignung und verschiedenen Nutzungen brannte das Schloss 1983 und wurde von 1992 bis 2005 samt dem Park saniert. Heute befindet es sich in Privatbesitz. Man kann darin Ferienwohnungen mieten. Der Park ist für Publikum geöffnet.

Es dämmert. Der Blick auf die Uhr zwingt uns nur mehr zur Eile. Wir hasten zum Bahnhof und müssen noch, die Räder auf den Schultern, die steilen Treppen einer unbequemen Stahlbrücke überwinden, um auf den richtigen Bahnsteig zu gelangen. Eben fährt der Zug ein. Erschöpft steigen wir in das Fahrradabteil.

ADRESSEN ZUR TOUR

Nauen Rathaus
Rathauspl. 1
14641 Nauen
03321-4080
info@nauen.de
www.nauen.de

Großfunkstelle Nauen
Graf-Arco-Str.154
14641 Nauen
Telefon: 03321-747587
Mobil: 0152-28 73-4656
heimatfreunde@funkstadt-nauen.de
www.funkstadt-nauen.de
Eintritt nach Absprache

Sankt-Jacobi-Kirche Nauen
Martin-Luther-Platz
14641 Nauen
Telefon: 03321-4071659
j.neugebauer@kirche-nauen-rathenow.
de oder Evangelisches Gemeindebüro
Hamburger Straße 14, 14641 Nauen
Telefon: 03321-452989
info@kirche-nauen-rathenow.de
www.ev-kirche-nauen.de

Schloss Ribbeck
Theodor-Fontane-Straße 10
14641 Nauen OT Ribbeck
Telefon: 033237-8590-0
info@schlossribbeck.de
www.schlossribbeck.de
Dienstag bis Sonntag: 11–17 Uhr
Restaurant:
Montag, Dienstag: Ruhetag
Mittwoch bis Sonntag: 12–17 Uhr
Museum und Shop:
Januar bis März: Montags geschlossen
April bis Dezember: Dienstag bis Sonntag
von 11–17 Uhr
Eintritt: 6 Euro, ermäßigt: 4 Euro

Kirche Ribbeck und Pfarrgarten
Am Birnbaum 2
14641 Ribbeck
kircheribbeck@yahoo.de
www.kirche-ribbeck.de

Öffnungszeiten: März bis Oktober täglich
von 10–17 Uhr, November bis März
täglich von 10:30–16:30 Uhr und nach
Vereinbarung unter 033237-88504
Führungen nach Anmeldung

Friedhof Ribbeck
Feldweg
16792 Zehdenick OT Ribbeck

Alte Schule Ribbeck
Am Birnbaum 314641 Nauen OT Ribbeck
Telefon: 033237-85458
foerderverein-vif@t-online.de
www.alteschule-ribbeck.de
Öffnungszeiten: Täglich 10–17 Uhr
Oktober bis März 10–16 Uhr

Gutshaus Senzke
Schlossstraße 26
14662 Mühlenberge-Senzke
Das Gutshaus befindet sich in Privatbesitz, Besichtigung von außen möglich

Fintelmannhaus
Dorfstraße 22
14662 Mühlenberge-Senzke
Kontakt: 033238-159022

Gutshaus Kriele mit Pappenstil Papier-
manufaktur und Galerie
Bahnhofstraße 4
14715 Kriele
Infos unter 033874-60041
info@pappenstil.de
Verkauf der Produkte in Stein 40 Laden-
galerie, Steinstraße 40, 14712 Rathenow
Telefon: 03385-4953238
info@stein40.de
Montag geschlossen
Dienstag bis Freitag 10–18 Uhr
Samstag 10–13 Uhr

Schloss & Park Nennhausen
Fouqué-Platz 4
14715 Nennhausen
Telefon: 033878-60505
info@schloss-nennhausen.de
www.schloss-nennhausen.de

Abbildungsnachweis

Fotos

Genest, Annekatrin: S. 140. Alle übrigen Fotografien stammen von Therese Schneider.

Karten

GeoBasis-DE / BKG 2013 (Kartenbearbeitung: Therese Schneider)

Radweg-Logos

Berlin-Usedom-Radfernweg: WITO Barnim GmbH, Eberswalde. Weitere Informationen zur gesamten Reiseregion Barnimer Land erhalten Sie bei der WITO Barnim unter der Rufnummer 03334-59 100 und im Internet unter www.barnimerland.de. – Gurkenradweg: Tourismusverband Spreewald, Vetschau/Spreewald OT Raddusch, www.spreewald.de. – Havelradweg: Landkreis Stendal, www.landkreis-stendal.de. – Oder-Spree-Radweg, Oderbruchbahnradweg, Märkische Schlössertour, Mönchsradweg und Drei-Seen-Radweg: Tourismusverband Seenland Oder-Spree e.V., Bad Saarow, www.seenland-os.de. – Radfernweg Berlin-Kopenhagen und Ruppiner Seen Kulturradweg: Tourismusverband Ruppiner Seenland e.V., 16816 Neuruppin, www.ruppiner-reiseland.de. – Radfernweg R1: Lokale Aktionsgruppe Fläming-Havel e.V., Wiesenburg/Mark, www.flaeming-havel.de. – Tour Brandenburg: Netzwerk »Aktiv in der Natur«, Landestourismusverband Brandenburg e.V., Neuruppin www.brandenburg-aktiv.info und TMB Tourismus-Marketing, Potsdam, www.reiseland-brandenburg.de

Sollten trotz sorgfältiger Nachforschungen nicht alle Rechteinhaber korrekt ermittelt worden sein, so bitten wir um Mitteilung an die Autorin oder den Verlag.

Über die Autorin

Therese Schneider, geboren 1963, studierte nach ihrer Ausbildung zur Buchbinderin an der Burg Giebichenstein, Hochschule für Kunst und Design Halle/Saale, und der Kunsthochschule Berlin- Weißensee. Therese Schneider lebt und arbeitet als selbstständige Buchgestalterin und Grafikerin in Berlin. Im be.bra verlag gestaltete sie mehrere Bücher ihres Vaters Rolf Schneider, u. a. »Fürst Pückler in Branitz«, »Potsdam« und »Rheinsberg«.

Dank

Ich danke meiner Familie, meinen Freunden und den Mitarbeitern des be.bra verlages, die mit viel Geduld und Unterstützung bei der Entstehung dieses Buches mitgeholfen haben.

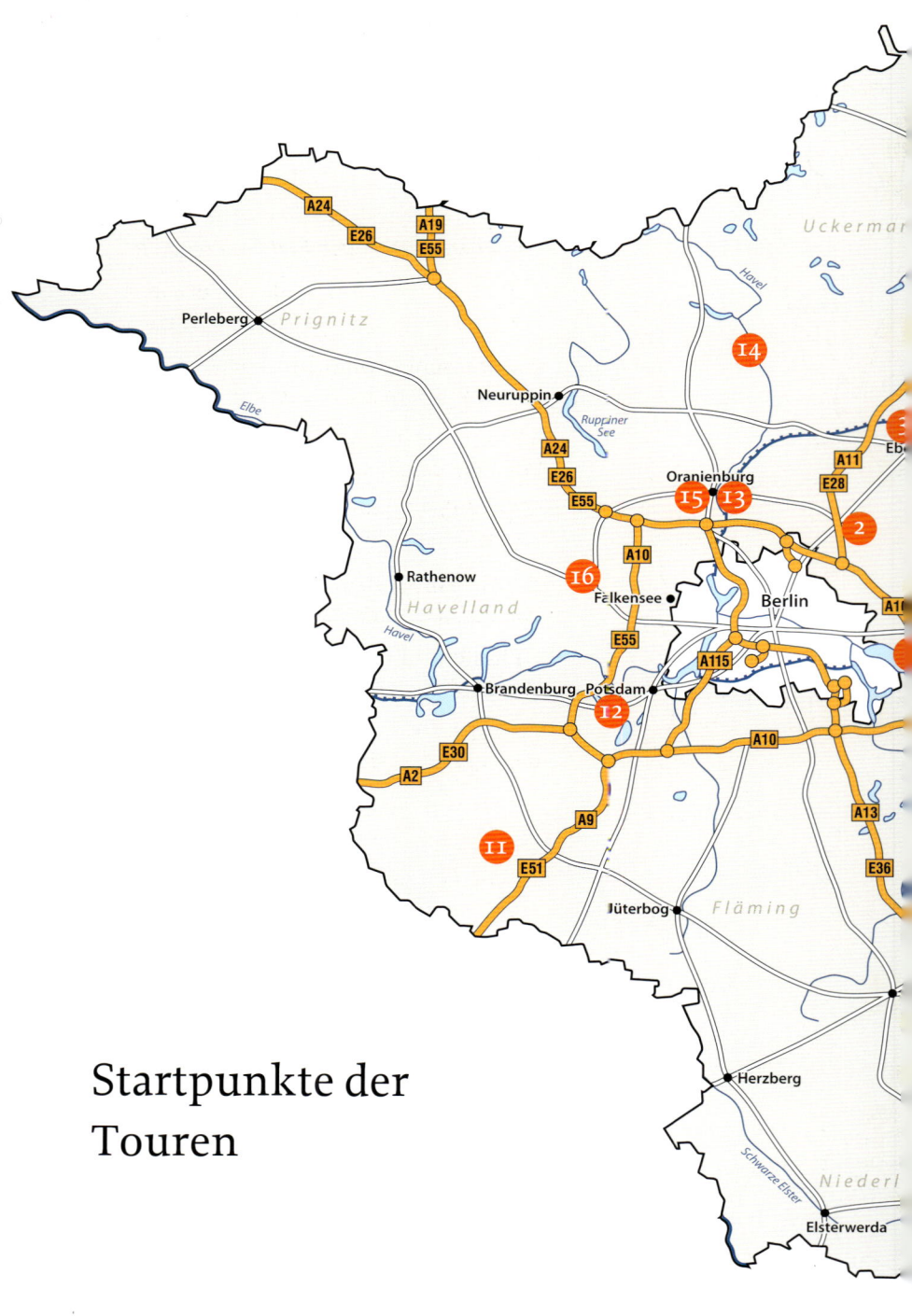

Startpunkte der
Touren